Sí, mamá

Sí, mamá

Las soluciones más eficaces
para que tus hijos se porten bien,
de la niñez a la adolescencia

M.ª Luisa Ferrerós

Planeta

Diagonal, 662-664, 08034 Barcelona (España)
Ilustración del interior: Narcís Turró Cusí
Primera edición: marzo de 2006
Depósito Legal: M. 7.110-2006
ISBN 84-08-06621-8
Composición: Víctor Igual, S. L.
Impresión y encuadernación: Brosmac, S. L.
Printed in Spain - Impreso en España

Índice

A mi marido,
por su infinito amor incondicional,
mi más preciado tesoro

Introducción

La educación no es algo inmediato, sino que se trata de un proyecto a largo plazo que hemos de construir día a día y en el que nos hemos de marcar unos objetivos. Para ello, ambos padres debemos estar de acuerdo y dar pautas claras, pero sobre todo hemos de tener claro adónde queremos llegar.

Normalmente, al tener un hijo se piensa en el nombre, en lo que nos gustaría que fuera de mayor, a qué colegio le llevaremos. Pero casi nunca nos planteamos *cuál es nuestro proyecto educativo*, qué le queremos enseñar.

Muchas veces hemos oído que se aprende de la propia experiencia y que de poco valen los sermones, pero ¿es verdad que lo que los padres hemos aprendido de la vida no se lo podemos transmitir a nuestros hijos?

En este libro vamos a intentar contestar a esta pregunta y a otras que nos planteamos como padres de unos hijos que van a vivir en el siglo XXI, con unos parámetros a menudo inimaginables desde nuestra perspectiva.

Hoy nos planteamos cómo prevenir, y no que se enganchen a las drogas o fumen marihuana, sino que lo hagan a las nuevas drogas de diseño, fantasmas que nadie controla, y entre las que están también las pastillas para adelgazar o para rendir más en los exámenes o en la cama.

Nos preocupa el Sida, los preservativos, que estén bien informados, pero lo que más nos preocupa es que todo esto va muy rápido. La ESO empieza con once-doce años, y con la entrada en ese ciclo escolar se adelantan los nuevos conflictos que nos plantean nuestros niños del futuro.

Por otra parte, los medios de comunicación audiovisual proporcionan una gran cantidad de información que a duras penas pueden llegar a digerir.

Desde que nacen, su vida transcurre frente a una pantalla de televisión, que ya desde ese momento condiciona su comportamiento y configura su idea del mundo que les espera.

El objetivo primordial de este libro es tratar de transmitir cómo evoluciona la mente de los niños desde que nacen hasta que son adolescentes. Mi experiencia en la investigación y la práctica diaria en la consulta psicológica tanto con padres como con hijos me lleva a ello. Llevo mucho tiempo detectando dificultades de comunicación, de interpretación entre las dos generaciones. Es normal que a los hijos les cueste ponerse en la piel de sus padres, ya que no tienen referentes, pero ¿por qué cuesta tanto a los padres bajar al nivel de sus propios hijos?

¿Por qué es tan difícil imaginarse lo que le pasa a nuestro hijo por la cabeza cuando tiene dos o cinco o quince años? ¿Dónde está la memoria personal para recordar nuestra infancia?

Ya sé que me diréis que eran otros tiempos, pero eso, precisamente, ya lo decían nuestros padres.

Hay que implicarse, sin límites, sin miedo.

Aunque es difícil, hay que dedicarles tiempo. Los resultados os sorprenderán y el orgullo que sentiréis es impagable, indescriptible. Para todo lo demás (como dice un anuncio de tarjetas de crédito, por cierto) ya está nuestra complicada sociedad de consumo.

El método educativo según la psicología sistémica

La psicología sistémica es una nueva técnica psicológica cuyo objetivo son las terapias breves. Parte de un concepto de los conflictos como interrelacionales (de relación) y, como tales, busca la solución dentro de las relaciones interpersonales.

Las relaciones entre padres e hijos pueden ser complicadas, y a veces no es que sean malas, sino que no funcionan, están bloqueadas. Cuando esto sucede, cuando una disfunción relacional se afronta mal, se convierte en un serio problema.

Para solucionar este tipo de situaciones el equipo de G. Nardone y P. Waltzawick elaboraron lo que se conoce como terapia breve estratégica. Este tipo de psicoterapia no busca el porqué del comportamiento disfuncional, sino cómo frustrarlo o disolverlo mediante una serie de tácticas o estrategias muy innovadoras. Cuando el sistema relacional está bloqueado hay que promover un pequeño cambio que desencadene la solución.

El psicoterapeuta A. Fiorenza habla de modificar las reglas del juego, descolocando al niño, para que modifique su actitud. Hay que ser cuidadoso si se ataca de frente, ya que el sistema de defensa emocional del niño se pone alerta, el niño se acoraza y no hay resultados.

Mucha gente piensa que ya no existen, pero los problemas de comunicación entre generaciones siempre aparecen, aunque a simple vista parezca que no haya tantas diferencias o que padres e hijos sean amigos o «colegas» entre ellos.

Independientemente de que hoy en día los padres no sean tan autoritarios y no marquen tanto las distancias, los conflictos surgen, aunque son de distinta índole.

¿Cómo sabemos qué hay que hacer, cómo nos enfrentamos a la educación de nuestros hijos? Éstos, tanto de pequeños como de adolescentes, nos plantean muchas situaciones conflictivas de las que a menudo no sabemos cómo salir. Vamos probando diferentes maneras de actuar para ver con cuál conseguimos el efecto que queremos, pero a menudo funciona un día sí y al siguiente no. Lo que nos sirve con el hermano mayor, al pequeño le rebota. Y acabamos desorientados, discutiendo entre nosotros.

La mayoría de los padres se quejan de que desde que tienen hijos su pareja pasa por momentos de crisis: continuas discusiones, falta de tiempo, cansancio...

«Ahora nos pasamos el día discutiendo... siempre por culpa del niño», me comenta Ignacio, un padre primerizo que ha decidido no tener más hijos después de esta experiencia. «No nos ponemos de acuerdo; cuando yo le castigo, mi mujer me riñe. Cuando ella le deja sin cenar porque se ha portado mal, yo me pongo de los nervios. No soporto oírlo llorar.»

Normas básicas para enfrentarse con éxito a la educación de los hijos

La pregunta estrella de la mayoría de padres es: «¿Lo hacemos bien?» En su afán de llevar el nuevo papel de padres de la mejor manera posible se preocupan por si su hijo se va a traumatizar o no por sus actitudes o decisiones educativas.

De antemano, debo comentar que nuestro objetivo no es ser unos «padres perfectos», sino unos padres implicados y entregados a la nueva tarea y responsabilidad.

No se trata de qué hacemos sino de cómo lo hacemos. No existe ningún manual que imponga unas normas de lo que está bien o mal, porque eso no es lo importante. Existen muchas maneras de comportarse, de actuar, infinidad de situaciones diferentes; por otra parte, cada niño es especial y cada padre y madre, diferente. Veamos una situación habitual.

María, madre primeriza, tiene un bebé, Marcos, que es muy llorón. María nunca sabe si lo tiene que coger en brazos o si ha de dejarlo llorar. Su marido es más severo y partidario de dejarlo llorar, la abuela piensa que no hay que dejarlo llorar ni un minuto, sus amigas le comentan que sus hijos no lloran tanto... ¡Demasiados consejos!

Ella se confunde y se siente culpable por no saber cómo actuar; la inseguridad no hace sino aumentar los nervios. Este nerviosismo se le contagia al niño y, en lugar de relajarlo, aumenta su necesidad de llorar.

Hay dos situaciones en las que el mismo hecho (coger al niño en brazos) puede ser fantástico o nefasto. Podemos coger al niño en un momento en el que estamos relajados. María realmente tiene necesidad de transmitirle su cariño, achuchándolo. En este caso, aunque el niño llore, es bueno que María lo coja en brazos. Con su ternura conseguirá que Marcos se calme y se sienta querido.

Sin embargo, si Marcos lleva dos horas llorando, es la una de la noche y María está nerviosa porque el niño no consigue dormirse y ella necesita descansar —al día siguiente le espera un duro día de trabajo—, lo mejor no será cogerlo en brazos. Al hacerlo, nerviosa como está, con ganas de que se duerma de una vez, aumentará la intensidad del lloro del bebé.

Siempre que reñimos o castigamos a nuestros hijos fruto de nuestro propio nerviosismo no se puede decir que estemos actuando de forma pedagógica. El mensaje clave es que no hay que reñirlos cuando molestan o nos sacan de quicio, sino cuando estamos intentando enseñarles algo positivo.

La coherencia es nuestra más fiel aliada; de nada sirve chillar y reñirlos para que no se peleen. O castigarlos severamente con una fuerte palmada en el trasero porque han pegado a su mejor amigo. Ellos simplemente están imitando nuestro comportamiento; no entienden de matices. Si deseamos que no peguen... ¿por qué les pegamos nosotros?

Si queremos que no se pongan histéricos, ¿por qué lo hacemos nosotros? Por eso, es básico hacer un paréntesis y prepararnos una tila, respirar profundamente y pensar en frío. Los hijos tienen la «virtud» de sacarnos de nuestras casillas; sin embargo, es mejor no reaccionar en caliente. Por ellos y por nosotros. Los castigos desproporcionados no consiguen sino generar más rabia.

> Los sermones suelen ser infructuosos: hay que *comunicarse* para conectar con ellos, mirarlos a los ojos y responder a sus sentimientos, no a su conducta.

Los hijos suelen resistirse a los sermones de los padres. Les gusta que los escuchemos, no que los juzguemos, los critiquemos y prediquemos —lo mismo que nos sucede a los adultos, por cierto.

Los niños suelen pensar que sus padres hablan demasiado. Nuestro nivel de lenguaje no suele coincidir con el de ellos. El hecho de que nuestro hijo entienda órdenes complejas, como: «Ve a la cocina, abre la nevera y trae la botella de limonada», no implica que entienda conceptos abstractos. Las normas, el bien o el mal, el límite de su libertad o el respeto son ideas complejas y conceptos abstractos difíciles de entender para un niño menor de diez años.

Pensemos que nosotros solemos llevar más de treinta años manejando el propio idioma y ellos apenas llevan dos o tres cuando empezamos a empeñarnos en «razonar» con ellos.

Imaginaos que empezáis a aprender japonés y cuando lleváis dos cursos y medio os vais a Japón a trabajar durante quince días. Con vuestro nivel del idioma japonés lo que os pasará es que entenderéis algunas palabras, pero lo demás lo interpretaréis en función de los gestos, las caras, la entonación y el volumen de voz de vuestro interlocutor. Os será imposible, por ejemplo, mantener una conversación de alto nivel sobre política.

Esto es lo que les pasa a vuestros hijos cuando os escuchan, atónitos, mientras pretendéis explicarles con grandes razonamientos por qué está mal que tiren al suelo una y otra vez el mando a distancia. O por qué os miran, divertidos, antes de tirarlo y observan luego vuestra reacción airada.

La comunicación con los hijos debe basarse en el respeto mutuo y en la habilidad de saber decir lo apropiado en cada momento. Esta práctica se aprende y se puede cultivar. Se basa en la paciencia y en la observación.

- Nuestras conversaciones deben favorecer la autoestima del niño.
- Primero hay que escuchar y comprender antes de aconsejar sin imponer.
- Debemos evitar prejuzgar y criticar.

Cuando se sienten disgustados o están alterados no suelen escuchar ni atender a razones. Necesitan que los escuchemos y, sobre todo, que comprendamos su enfado y frustración.

Alberto llegó furioso a casa. A sus nueve años, el partido de fútbol era para él lo más importante de la semana. Y lo habían anulado por mal tiempo. Su padre decidió probar un nuevo enfoque en sus conversaciones. Eliminó de su discurso los tópicos que sabía que lo único que lograrían sería aumentar la frustración del niño: «Yo no tengo la culpa de que lo hayan anulado. (...) Es inútil que te enfades.» Por el contrario pensó: «Mi hijo Alberto está dolido por no jugar este partido que le hacía tanta ilusión.» Y, para intentar compartir con él su decepción, le dijo:

—Parece que estás muy desilusionado.

—Sí.

—Tenías muchas ganas de jugar en ese partido.

—¡Jo, sí!

—Os habíais entrenado a fondo y os lo han fastidiado.

—Síiiii...

Tras un breve silencio, Alberto expresó su aceptación (y algo más):

—Pero seguiremos entrenando y al final ganaremos, papá.

Parecía haber superado su frustración al haberla compartido con su padre. Y, aunque él había respondido con monosílabos, su padre había verbalizado por él sus sentimientos, lo que le liberó de la rabia que sentía.

El resto de la tarde transcurrió sin más problemas. Anteriormente, el enfado le duraba horas y ocasionaba continuos enfrentamientos, conflictos y tensiones por las cosas más tontas, hasta que por fin caía dormido.

Al intentar comunicarnos con nuestros hijos, no esperemos grandes confidencias; el simple hecho de sentirse comprendidos obra maravillas. Poco a poco se van abriendo al sentir esa bocanada de aire fresco que supone para ellos la ausencia de recriminaciones.

Ellos no suelen revelar lo que sienten, muchas veces porque les cuesta identificarlo. Así que en muchas ocasiones la comunicación entre padres e hijos se convierte en un juego de adivinanzas, en el que nosotros, los padres, somos los adivinos y sólo contamos con la ayuda de pequeñas pistas en forma de monosílabos.

Cuando una niña nos cuenta que su profesora la ha reñido, hay que escuchar y evitar preguntas dolorosas del tipo: «¿Por qué? ¿Qué hiciste? Explícame, ¿qué ha pasado?» Por el contrario, hemos de intentar comprender su vergüenza y mostrarle nuestro apoyo.

El día que Marta, de ocho años, le dijo a su mamá que no quería volver nunca más a la escuela, la madre intentó escucharla:

—Estás muy disgustada, ¿quieres que hablemos?

—La profesora, delante de toda la clase, ha dicho que mi trabajo no estaba bien presentado y lo tachó en rojo, pero yo creo que no se lo había mirado. Yo lo había preparado muy bien.

—Vaya, no me extraña que te sientas mal.

Es difícil no hacer ningún otro comentario, y la madre se mordió la lengua para intentar respetar su dolor. De esta manera intentaba ayudarla a superar su rabia.

Más tarde, cuando la situación se haya calmado y esa personita se sienta apoyada, se puede tratar de profundizar en la situación. Al respetar ese momento, se abre la puerta del diálogo.

Es difícil averiguar cuáles son los sentimientos de nuestros hijos, pero es importante que los niños sepan que los entendemos. Algunas de las siguientes frases os pueden servir para acercaros a vuestro hijo en momentos delicados para él: «Has tenido un mal día», «¡Vaya situación!», «Debes de estar muy enfadado», «Te debes de sentir muy mal».

Por otra parte, hemos de pensar que cuando nos enfrentamos a un mal comportamiento de nuestro hijo éste no suele ser gratuito. Seguramente hay algún sentimiento que lo ha trastocado o algo ha herido su amor propio y ha originado su conducta.

> Hemos de ocuparnos de la parte emocional dañada antes de intentar corregir la mala conducta.

No hemos sido educados para compartir nuestros emociones, ni nuestros hijos tampoco, y hemos de aprender juntos. A menudo les cuesta identificar los diferentes estados emocionales: enfado, tristeza, alegría, frustración, rabia, emoción, ilusión, sorpresa...

Esta parte de la educación, la gestión afectiva y emocional, es tan importante como la intelectual, ya que es la clave de una realización personal adecuada, de conseguir estar a gusto en la propia piel... de ser feliz.

Así podemos decir «Hijos equilibrados, hijos felices», y lo mismo vale para los adultos; es decir para los futuros adultos que serán nuestros hijos.

Por eso, y para ayudaros, a lo largo del libro y organizado por edades, vamos a ir desgranando las situaciones más comunes que nos encontraremos a lo largo de su crecimiento y educación, siguiendo este esquema: descripción del problema, objetivo, signos de alerta, situaciones cotidianas y soluciones prácticas.

Primera parte

0-2 años: Sentamos precedentes

Ponte en su piel

Desde el nacimiento hasta los dos años es cuando se sientan las bases de la relación padres e hijos. El vínculo afectivo se forja en estos primeros años.

Y, como padres y madres, la mayoría vivimos sensaciones, experiencias, dudas y cuestionamientos parecidos. ¿Cómo reaccionas cuando llora? ¿Te molesta que tu pareja se adelante o adivine qué le pasa al bebé? ¿Has descubierto que te imaginabas al papá o la mamá de tu hijo diferente? ¿Te sorprende su comportamiento en este nuevo papel? ¿Os está costando adaptaros a este nuevo mundo, en el que todo gira alrededor de los pañales, biberones, noches en blanco, etcétera? ¿Dónde está el instinto maternal? ¿Lo único que piensas es que quieres recuperar tu vida anterior y eso te hace sentir mal?

Casi todo lo que esperabas de esta nueva etapa de tu vida no es como aparece en las revistas de bebés o en las películas. El cansancio, las dudas, las discusiones y el sueño hacen que te parezca el fin del mundo. Pero el tiempo pone las cosas en su sitio y hace que aparezca el «instinto maternal» y vaya creciendo a medida que aprendes a conocer a tu hijo.

Cuando acabas de dar a luz las sensaciones se confunden: sorpresa, decepción, nerviosismo, que el recién nacido recibe, intuye y corresponde con su propia confusión.

Nuestras primeras reacciones suelen condicionar las del bebé. Si la primera vez que llora por la noche te pones muy nerviosa, él aprende esa relación causa-efecto. Su aprendizaje emocional en esta primera etapa es muy rápido. Aprende cuáles son tus reacciones y qué ha de hacer para conseguir llamar tu atención.

Por otra parte, el bebé se siente desprotegido, desorientado, y busca constantemente el contacto físico, que es lo que le da seguridad.

Su manera de relacionarse es muy básica, ya que carece de lenguaje y hay que interpretar qué le pasa. Sabe lo que tú sientes por la forma en que le coges, el tono de tu voz, la tensión de tus músculos... Es una cuestión de piel, de contacto físico.

El contacto visual es básico en este nivel de comunicación y se ha de potenciar. Hay que mirarle y hablarle, establecer una comunicación no verbal que te permita entender sus reacciones.

Poco a poco vas diferenciando sus distintos tipos de lloro o de queja y vas aprendiendo a interpretar sus señales. Ese entendimiento fomenta una relación basada en el cariño y el conocimiento. Así se va formando el vínculo afectivo que reforzará vuestra relación en el futuro.

En esta primera etapa, la clave está en comprender que si todo es nuevo para los padres, más lo es para el recién llegado.

Hasta ahora, en los nueve meses de vida intrauterina, el bebé nunca había sentido hambre, ni frío, ni ruido, ni incomodidad, ni luz, ni soledad. Dentro de la madre se había sentido protegido, cálido, envuelto en agua y alimentado constantemente a través del cordón umbilical.

Fuera del seno materno, todo es nuevo para él, desconoce su nuevo entorno y cómo calmar sus necesidades. No conoce siquiera dónde empieza o dónde acaba su propio cuerpo. Cuando su pequeña mano pasa casualmente por delante de su vista no es consciente de que es él mismo el que la controla.

La única forma que tiene de comunicarse con ese exterior hostil es el llanto, por eso muchos bebés lloran desconsoladamente al nacer.

Si entendemos esta situación, estamos predisponiendo nuestra actitud hacia la comprensión y la tolerancia. No es lo mismo coger a nuestro recién nacido en brazos comprendiendo su vulnerabilidad que pensando «cómo llora», «¡vaya fastidio!», «parece que no se va a callar nunca»...

Las expectativas de los padres nunca coinciden con la realidad, pero es fundamental aprender a ponerse en la piel del niño e intentar ver las cosas a través de lo que le pasa a él. Esta nueva perspectiva nos ayudará a evitar muchas malas interpretaciones. La paciencia y el cariño son nuestras armas indispensables en esta etapa.

Enséñale a tolerar las pequeñas frustraciones

Es fundamental no darle a nuestro hijo pequeño todo lo que quiere en seguida, como si tuviera un mando a distancia. Es mejor dejar que lo consiga él solo o, si aún no puede, no dárselo inmediatamente cuando lo reclame.

Por otra parte, aprender a dosificar nuestra presencia es todo un arte. Hemos de conseguir de forma paulatina que el bebé aprenda a esperarnos. Hemos de empezar poco a poco para generar así confianza, que es de lo que se trata.

Si el primer día que llora tardamos una hora en aparecer en su campo visual, se va a desesperar y la próxima vez llorará todavía más fuerte. Hay que empezar al revés, primero ir en seguida y, cuando tengamos su confianza, ir aumentando los tiempos de separación.

Hemos de tener en cuenta que por el momento todo lo que esté fuera de su vista no existe y todavía no distingue tu voz ni tu cara, pero sí te huele y nota tu presencia, por eso se calma cuando lo coges.

A medida que empieza a ver y distinguir tanto vuestras facciones como vuestras voces ya se puede empezar a tardar unos minutos en ir a buscarlo.

Es muy importante tener en cuenta siempre que para nuestro hijo el llanto es una forma de comunicarse, no de fastidiarnos.

Esta primera etapa de la vida del niño es quizá la que más pone a prueba todo nuestro ingenio para salir airoso de las nuevas y confusas situaciones en las que nos encontramos. Sí, son muy pequeños pero organizan unos líos tremendos, claro; no traen instrucciones, ni pan bajo el brazo, y muchas veces hay que improvisar. Ésa es la mayor fuente de problemas.

Enfrentarse con la educación de un hijo supone un reto para todos los padres, los primerizos y los que no lo son, y en ello ponemos a prueba nuestra paciencia, resistencia, habilidades y nuestra solidez como pareja.

Ahora es cuando de verdad se ponen a prueba los fundamentos de cualquier relación y también de la que empezamos a establecer con nuestro nuevo hijo.

Debemos tener en cuenta, además, que los tres primeros años de la vida del niño/a son fundamentales, ya que se establecen los cimientos tanto de su personalidad como de su desarrollo neurológico e intelectual. No todos desarrollamos nuestro potencial al ciento por ciento. Según su esfuerzo y la estimulación que reciba, su potencial será del 30, 60 o 90 por ciento.

Ya somos padres. Cómo pasar de pareja a familia

El primer hijo suele revolucionar la vida de la pareja, hay que adaptarse a un nuevo ritmo de vida y a una nueva y muy importante responsabilidad.

Hoy en día ha cambiado sustancialmente la edad en que se tienen hijos. Se suele tener el primero pasados los treinta. Este retraso cronológico implica una dificultad en la capacidad de adaptación a la nueva situación. La pareja suele estar muy asentada, tiene mucha libertad y un buen nivel profesional o laboral.

El nacimiento de un hijo implica muchos cambios en la pareja, que pasa de dúo a trío. Se establece un nuevo sistema de relaciones entre los tres miembros, que habrán de adaptarse, además, a sus nuevos roles.

Padres e hijos aprenden juntos en este nuevo trayecto e, igual que hay diferentes tipos de niños, también existen diferentes clases de padres.

- Sufridores: están pendientes de todo y son firmes candidatos a pasarse el día en el pediatra (¡o en urgencias!). Son los típicos padres primerizos.
- Perfeccionistas: son muy cumplidores, quizás un poco rígidos con los horarios, las tomas, las cantidades...
- Instintivos: son flexibles y se van adaptando progresivamente a las necesidades del niño.
- Racionales: sopesan a conciencia cada paso que dan y prevén cualquier posible eventualidad.
- Estresados: les supera la situación y sienten que no pueden con todo.
- Maniáticos: se pasan el día comprobándolo todo, son muy escrupulosos.

- Improvisadores: esperan que todas las incidencias se resuelvan por sí solas o improvisan sobre la marcha.

Objetivo

La pareja ha de formar un equipo compenetrado, colaborar y apoyarse mutuamente. Padre y madre deben tener claro que el hijo es de los dos; no es «propiedad» exclusiva de nadie.

Signos de alerta

Nos hemos de preocupar si:

— Cada uno va a la suya: uno de los dos es partidario de dejarle llorar, el otro piensa que hay que consolarlo inmediatamente...
— Se producen continuas discusiones sobre qué hacer: lo castigamos, lo dejamos sin cenar, «por qué lo has castigado», «yo le había dado permiso»...
— Celos. Un miembro de la pareja siente que el otro sólo está pendiente del bebé y que todo ha cambiado.
— Se añora la vida de antes del nacimiento.
— Te/os parece que el bebé sobra.

Soluciones prácticas

Para reconducir la situación es importante tener una larga conversación para reencontrar los motivos que os llevaron a ser padres. Es conveniente también dejar al bebé con los abuelos, tíos o alguien de confianza y dedicaros tiempo a vosotros, como pareja.

Es difícil saber —no es una ciencia exacta— cómo se combinan los distintos tipos de padres con las diferentes clases de niños que te pueden tocar. Los bebés nunca funcionan bien porque tengan unos padres perfectos, porque de entrada este tipo de padres no existe, por suerte. Así que relajaos y no pretendáis serlo.

Se puede ser el padre más tranquilo y equilibrado del mundo, pero si el niño es de los que no paran quietos, llora constantemente y no duerme, o tienes a tu lado un buen manual de instrucciones, o acabas estresado y sobrepasado. Pero tranquilos, todo tiene su explicación, y con la ayuda de un buen especialista (psicólogo infantil o especialista en alteraciones del sueño) todo se supera.

Cada uno ha de encontrar su particular manera de actuar y acoplarse a esta nueva etapa. Es fundamental que la pareja tenga clara la idea de que a partir de ahora se es un equipo y se juega en el mismo bando.

La comunicación y el apoyo mutuo han de ser dos constantes en la manera de actuar. Hay que buscar el consenso cuando nos encontremos con opiniones diferentes y para ello se requiere cierta dosis de flexibilidad. Por otra parte, es conveniente creer en la posición adoptada y mantenerse firme sin hacer nunca nada en contra de nuestros propios instintos.

Situaciones cotidianas

Pablo y Bea llevan cinco años casados y, después de un aborto natural, por fin han tenido su primer bebé.

Ella tiene treinta y tres y él cuarenta, ambos tienen un trabajo estable y buenas perspectivas. Los dos tenían mucha ilusión por tener familia ya que les ha costado mucho conseguirlo.

Se habían imaginado cómo sería su vida y su bebé muchas veces. Pero resulta que la realidad no ha resultado ser como esperaban. El bebé no es como los de los anuncios y además llora continuamente. La situación se agrava al llegar a casa.

Ella es una chica preparada para trabajar, a la que de repente se le cae la casa encima. Se pasa el día llorando porque no sabe cómo calmar al pequeño Nacho. Pablo no tiene demasiada paciencia y explota a la mínima. Esta situación no consigue sino aumentar la sensación de fracaso o decepción.

La decepción les invade porque las expectativas eran demasiado elevadas y la realidad es muy diferente. Éste es un problema muy común en nuestra sociedad occidental, en la que todo está previamente estandarizado o planeado.

La vida hay que tomársela tal como llega y dejarse sorprender por ella. Es mucho mejor partir de cero y así todo lo que ocurra, en lugar de restar, suma.

Qué diferente habría sido la situación si no lo hubieran tenido todo tan planificado. El niño les habría parecido genial... simplemente porque es el suyo, de los dos. Hubiesen aceptado sin problemas el cambio de vida, ya que la ilusión compensa la dedicación.

Además, es posible que Bea esté pasando una depresión posparto, que no se puede superar tan fácilmente sin ayuda de un equipo de especialistas, médicos o psicólogos. No se puede tomar a broma. Y es necesario diagnosticarlo para tratarlo convenientemente.

Este tipo de alteraciones, que tienen una base de trastorno hormonal debido a los cambios fisiológicos producidos por el embarazo y el parto, suele pasar desapercibida al no explicar los síntomas al médico. Pasar sola una depresión de este tipo es muy duro. Es importante que el marido acompañe a su mujer al médico para concienciarse del problema y poder resolverlo juntos.

Descubre qué tipo de bebé tienes entre manos. Test del temperamento motriz

La personalidad del niño se va formando a lo largo de su vida y empieza a hacerlo en el momento del nacimiento. Todo lo que ocurre a su alrededor puede condicionar su carácter y modularlo, si bien es cierto que hay una base, un estilo de reaccionar, que se llama temperamento, que los bebés ya demuestran los primeros días de vida.

La personalidad es una de las características más relevantes a la hora de decidir cuáles van a ser nuestras estrategias educativas. No es lo mismo enfrentarse con un bebé movido que con uno dócil y tranquilo.

Objetivo

Si podemos averiguar cuál es el temperamento del recién nacido, tendremos una valiosa información para trazar nuestra línea educativa. Como ya he dicho, no es lo mismo enfrentarse a un bebé dócil que a uno movido o a un bebé tozudo o a un pequeño explorador.

A menudo creemos que somos los culpables de las reacciones de nuestros hijos, de que no duerman o de que no coman. Además, muchas veces nos debemos enfrentar a comentarios de amigos o familiares del tipo: «No lo estáis educando bien... el nuestro es perfecto.» (¡Sí, seguro...!)

Pero desengañaos, ningún niño reacciona igual ante la misma situación ni la reacción de los padres suele parecerse. Imaginad un recién nacido dormilón, tranquilo, que hagas lo que hagas cae rendido al tocar la almohada. Y ahora visualizad un pequeño llorón, al que le cuesta relajarse y nunca encuentra la posición adecuada para dormirse. Obviamente no es lo mismo enfrentarse a uno que a otro.

Con el primero todo es fácil y el segundo acaba por desquiciar al más pintado.

Ante la constatación de múltiples diferencias entre los recién nacidos, es básico poder identificarlos para saber cómo hemos de reaccionar ante sus primeras conductas. Durante los primeros meses de vida se muestran los rasgos y tendencias temperamentales de forma más clara. Hasta los tres años de vida, éstas se mantienen bastante estables, y es a partir de esta edad cuando empezamos a notar los efectos de la educación.

Para averiguar qué tipo de bebé tenemos sólo hay que observarlos. El tono muscular es su «talón de Aquiles», ya que ayuda a detectar algunos de los rasgos más significativos que van a caracterizar su personalidad.

Los niños muy nerviosos siempre están muy tensos, con el cuerpo rígido, no se amoldan fácilmente a los brazos que los sostienen y, si no quieren estar, se arquean para que los dejes. También suelen tener los puños cerrados, al contrario de los que son tranquilos, que presentan una musculatura más flexible y acostumbran a dormir con las palmas de las manos completamente abiertas.

De todas formas no hay que dejarse llevar por las primeras impresiones. Los niños, igual que los adultos, pueden comportarse de diferentes maneras cuando cambian las circunstancias. Hay niños curiosos y movidos que en cuanto los sacamos de su ambiente no se despegan de nuestras faldas, y otros extrovertidos y locuaces que ante la presencia de desconocidos no abren la boca y parecen tímidos y apocados.

Test

Esta pequeña prueba sirve para conocer las reacciones temperamentales de nuestro hijo y se puede poner en práctica a partir de los quince días de su nacimiento.

Tanto su tonicidad muscular como sus reacciones motrices condicionan su carácter. Por otra parte, sus reacciones no son simples casualidades, sino fruto de la interacción entre su temperamento y sus capacidades físicas.

Para conocerlo, déjalo encima de un espacio amplio y agradable que no sea el suelo; una alfombra de juegos infantiles mullida, una colchoneta o la cama de matrimonio son ideales para este ejercicio. Una vez elegido el lugar, ponlo boca abajo.

Hoy, los recién nacidos suelen dormir boca arriba o de lado y no están acostumbrados a esta posición, así que estar boca abajo es una situación nueva que exige un esfuerzo para ellos. Observa su reacción y comprobarás cuál es su tendencia.

- **Nervioso.** Se irrita por todo. La nueva posición le sorprende, está incómodo. No consigue levantar la cabeza y restriega la naricita contra la superficie de contacto. Acaba llorando al cabo de cinco minutos, muy enfadado. Este tipo de niño no es demasiado dócil. Aunque tenga un carácter pasivo, no le gustan las sorpresas y le cuesta adaptarse a los cambios. Es bastante llorón, pero sólo da problemas si se le cambian los hábitos y rutinas. Le cuesta un poquito conciliar el sueño y encontrar la postura adecuada, pero una vez se duerme lo hace de un tirón. Le costarán más los cambios de comidas, adaptarse a la cuchara, etcétera. Son bebés poco flexibles, y al cogerlos en brazos ofrecen bastante resistencia a doblarse. Pero no todo son desventajas; aunque son muy tozudos, no es difícil darles la vuelta.
- **Equilibrado.** Se queja lo justo. Al ponerlo boca abajo, en la nueva posición, se queja un poco, pero en seguida encuentra cierta libertad de movimientos y se tranquiliza intentando darse la vuelta y mirando las cosas desde la nueva perspectiva. Protesta cuando algo no le gusta pero se conforma rápidamente. Se podría decir que es el bebé ideal. Le alteran los ruidos fuertes y suele llorar sólo si tiene hambre. Es muy fácil de contentar.
- **Tranquilo.** No se altera por nada; podría pasarse el día durmiendo. A la que está tranquilo, te das la vuelta y ya se ha dormido. Es un bebé que casi no da trabajo. Su comportamiento es muy estable y sus reacciones altamente previsibles. Si lo coges te sonríe, y si no le haces caso, se entretiene solo.
- **Hipotónico.** Su reacción es de pasividad total. Intenta levantar la cabeza, pero, como no lo consigue, acaba recostándose con la cabeza ladeada y se duerme plácidamente. Esta reacción nos muestra un bebé muy dócil y adaptable. Todo le va bien, no se esfuerza dema-

siado. Es fácil de llevar, se adapta a todo. Le gusta dormir y comer, está casi siempre relajado porque su tono muscular es más bien laxo. Más adelante será necesario estimularlo para que no se duerma en los laureles.

- **Hipertónico.** No para quieto. Este bebé es muy activo, y suele crecerse en las situaciones nuevas y difíciles. Su tono muscular es muy elevado, lo que le permite convertirse en un pequeño explorador, y ya con quince días es capaz de desplazarse «reptando» de un extremo al otro. Aguanta la cabeza boca abajo perfectamente con sólo un mes de vida. Nunca te lo encuentras en la misma posición en la que lo has dejado y no te puedes despistar ni un minuto. Se podría caer sin que te dieras cuenta, ya que se mueve mucho más de lo normal para su edad. Es un niño aventurero por naturaleza, con mucha iniciativa y una actividad inagotable. Todas sus reacciones son muy intensas y nos dará más de una mala noche. Le cuesta mucho relajarse debido a su elevado tono muscular.

Soluciones prácticas

Con los resultados de esta prueba podemos saber, por ejemplo, hasta qué punto puede ser guerrero nuestro hijo y ayudarnos a tomárnoslo con calma. Estos rasgos de carácter incipiente irán persistiendo a lo largo del tiempo y formarán parte de lo que más adelante será su personalidad.

Para interpretar correctamente sus reacciones hemos de tener presente cómo es nuestro hijo. No tiene el mismo significado que un niño generalmente nervioso se ponga a llorar cuando le cambiamos de actividad que lo haga un niño tranquilo. No todos los bebés reaccionan igual frente a los mismos estímulos.

Tampoco hemos de tener en cuenta sólo si la reacción es positiva o negativa, sino que nos hemos de fijar, además, en si ésta es pasiva o activa. La inhibición también se considera una forma de reaccionar y suele ser muy significativa. Sería el extremo opuesto a las reacciones intensas.

La respuesta de inhibición nos remite a una actitud aislada del entorno, carente de iniciativa. Un recién nacido de este tipo sería aquel que, aun sin estar dormido, no se inmuta cuando lo molestamos enfocando su cara con un haz de luz o hacemos un ruido excesivo. Es necesario no pasar por alto este tipo de ausencia de reacciones, ya que aunque estos niños no sean absorbentes y no reclamen su dosis de atención, no significa que no la necesiten. Muy al contrario, seguramente será adecuada una buena estimulación sensorial y afectiva.

Situaciones cotidianas

La primera vez que sus padres tomaron en brazos a Yago ya sintieron un gran desconcierto por la potencia de su llanto. No es un niño fácil de amamantar, ya que nunca le va bien y también le cuesta dormirse. Así que la experiencia de sus papás podría resumirse de la siguiente manera: «Ser padres es agotador, nos trae locos con sus lloros y no nos deja descansar.»

Por el contrario, los padres de Claudia están encantados con su niña y resumirían de esta manera sus primeros días como padres primerizos: «Es una sensación maravillosa que pensamos repetir.»

Estas dos opiniones tan contrarias podrían chocarle a cualquiera que no se hubiese estrenado en estos lances, ya que parecen hablar de experiencias distintas. Sin embargo, para los niños también ha de ser distinto tener a unos padres u otros.

Yago posiblemente pensaría: «Qué raros son mis papás, están muy nerviosos; parece que no me entienden.» Y Claudia diría algo así: «Qué suerte tengo, me quieren mucho.»

La comunicación entre padres e hijos es muy complicada ya desde que nacen, y van apareciendo nuevos obstáculos a medida que crecen. Si algo nos ha de quedar claro es que el bebé no llora para molestar, es su manera de comunicarse con nosotros. Lo que hay que hacer es aprender a interpretar su llanto y observarlo.

Un buen consejo sería apuntarnos todo lo que nos llama la atención de él y sus reacciones en una libreta especial, igual que lo hacemos con su talla y peso. Nos sorprenderá lo útil que puede sernos en un futuro para ayudarlo en su crecimiento emocional.

¿Por qué son tan distintos los niños y las niñas? Diferencias educativas

El sexo del bebé determina de entrada el nombre que va a recibir y las expectativas de futuro que imaginamos sobre él o ella. Se empieza por ahí y se acaba eligiendo el color de la habitación y de la ropa según sea el género de nuestro futuro retoño, y mucho más.

De todos es sabido que somos distintos desde el útero materno, el tipo de hormonas que se producen en cada caso son distintas; sin embargo, hay diferencias mucho más evidentes. El tamaño del cerebro varía, pesa 100 gramos más en los varones, lo que no significa que sean más inteligentes. El departamento de neurología de la Universidad de McMaster (Ontario) ha demostrado recientemente que, aun siendo más pequeño, las neuronas del cerebro femenino tienen un mayor número de dendritas (filamentos que conectan las neuronas entre sí), y el tamaño del cuerpo calloso (grupo de nervios que comunica los hemisferios izquierdo y derecho) y el sistema límbico (centro de control emocional) son mayores que los del varón. Entre ellos circulan los neurotransmisores, sustancias químicas responsables de nuestro estado de ánimo. El equilibrio de los neurotransmisores y su fluir armónico en su circuito nos proporcionan estabilidad y tranquilidad emocional.

Las niñas poseen un 15 % más de densidad celular en las neuronas que los niños en los lóbulos frontales del cerebro, y la comunicación interhemisférica es hasta un 30 % superior. Esta característica es la responsable de la capacidad de hacer varias cosas a la vez. Sin embargo, los niños tienen un cerebro con más áreas corticales dedicadas a la experiencia espacial, y una mayor capacidad para las matemáticas.

Sin embargo, diferencias de sexo aparte —ya sean culturales, educacionales, hormonales o neuronales—, el siguiente cuadro te puede ayudar a «manejarte» con tus hijos, niños o niñas, a entenderlos mejor y a ayudarlos a ser personas mejores. Seguro que tú también le sacas partido respecto a otras relaciones.

Cómo acercar posiciones entre padres e hijos

- Asume la diferencia, si tienes varios hijos, no los compares; en el terreno emocional todos y todas son distintos.
- No los fuerces a hablar cuando no quieren. Busca el momento oportuno, no los agobies.
- Aprende a descifrar sus gestos. Las palabras no son su fuerte.
- Valora sus cualidades. Aprende a aceptarlos con sus virtudes y defectos.
- Renuncia a cambiarlos. Ayúdales a ser mejor.
- Deja de culparlos. Enséñales a aprender de sus errores.

Volviendo a las diferencias, has de saber que las estrategias mentales de ambos géneros son muy distintas y hay que cambiar de chip con cada uno, ya que lo que con una niña suele funcionar de maravilla, con un niño puede ser un desastre.

Atención cuando se tienen hijos de los dos sexos, los papeles que les asignamos tanto en función del sexo como del lugar jerárquico condicionan su infancia y adolescencia. Si la mayor es niña... posiblemente lo tendrá todo más difícil y tardará más en alcanzar su independencia. Si el mayor es niño... le servirá a su hermana de escudo protector.

Las diferencias son innatas o adquiridas, nacen siendo diferentes o nuestro comportamiento hacia ellos las condiciona o acentúa. Las siguientes son características de género que te pueden ayudar a comprender mejor a tu hijo o hija.

Diferencias entre niños y niñas

Niñas

- Tienen mayor comunicación verbal.
- Su pensamiento es horizontal: son capaces de pensar en varias cosas a la vez y se despistan con mayor facilidad.
- Son más extrovertidas y expresan sus emociones con mayor libertad.
- Suelen confundirse y les cuesta separar lo emocional de lo racional.
- Son más vulnerables emocionalmente, lo que se agudiza en la pubertad: pueden experimentar cambios de humor, ansiedad, depresión, bulimia, anorexia, hacerse adictas al móvil, a las amigas, al Messenger...
- Son más sociales; se relacionan en pequeños grupos de dos o tres amigas «íntimas» y suelen ser relaciones muy absorbentes.

Niños

- Dominan mejor el razonamiento espacial, el matemático y su orientación espacial es proverbial.
- Su pensamiento es lineal, focalizan mejor la atención: primero una cosa y luego otra.
- Son más introvertidos, les cuesta expresar sus emociones.
- Separan lo racional de lo emocional.
- Tienen mayor capacidad de liderazgo.
- Son más resolutivos en la toma de decisiones.
- Hablan poco entre ellos y suelen relacionarse a través de la acción: juegan en grupos grandes, de 6 o 7 amigos, a atraparse, a perseguir un balón...

El llanto. ¿Qué hacer cuando llora?

Una de las primeras cosas que hemos de aprender sobre nuestro hijo es a distinguir sus diferentes tipos de lloro. Como ya he dicho, es muy importante tener en cuenta que el llanto es su forma de comunicarse con nosotros. Llorar no significa lo mismo para nosotros que para él.

El bebé utiliza el llanto básicamente para llamar la atención, para que le hagamos caso; es decir, para que vayamos a su lado, le hablemos, le cantemos o le cojamos en brazos. Sin embargo, su llanto no es siempre igual:

- Si tiene hambre → su lloro es insistente, urgente y agudo.
- Si tiene sueño → su llanto se vuelve un quejido intermitente y ronco.
- Si siente dolor → sus gritos son agudos, cortos y continuados, y tiene la respiración entrecortada.

Como los recursos de un niño pequeño son bastante limitados, su arma más eficaz es el lloro, por eso los bebés lloran tanto. Es su forma de comunicación rudimentaria.

El reflejo del llanto aparece en el instante mismo del nacimiento, pero pronto se modifica y varía en función de las distintas demandas. Sólo tienen una forma de comunicarse y les ha de servir para todo. Así que inventan distintos tonos o matices para distinguir un llanto de hambre de uno de miedo.

Poco a poco, la madre y el padre van percibiendo estas diferencias. La madre suele saber por la manera de llorar lo que le pasa a su bebé, cosa que desconcierta sobremanera a muchos papás, que parecen no disponer de este código especial. No es para tanto, no es ningún secreto, basta simplemente con prestar atención —muchos lo hacen— y observar cómo reacciona el pequeño.

Cada bebé tiene una forma especial de reclamar cada cosa, pero, en general, cuando están hambrientos el llanto se transforma en gemido; cuando tienen miedo o les duele algo, el lloro es agudo y constante como un chillido; cuando se enfadan, lloran de manera insistente y a gritos. Por otra parte, hacia el final del primer mes, aparece el llanto «falso», con el que el bebé simplemente pretende llamar la atención.

Con este juego de correspondencias se va estableciendo entre madre e hijo —muchas veces también con el papá— una auténtica compenetración. Un momento importante es cuando el pequeño descubre la cara de mamá y establece su primer contacto visual.

Esta intensa mirada tiene dos objetivos fundamentales. Por un lado, practica el enfoque sobre un objeto cercano —normalmente madre e hijo se sitúan a un palmo de distancia—, y, por otro, el bebé aprende a percibir y desarrolla la vista. Cuanto más se fija en ella, la madre está más motivada y le responde sonriendo, cantándole o hablándole, estimulando así al niño a continuar su exploración visual del mundo.

Es curioso que hoy en día nos dé miedo coger demasiado en brazos a nuestro hijo, no vaya ser que se acostumbre. Sin embargo, tampoco soportamos que nuestro bebé llore mucho y, cuando pasan cinco minutos, ya no sabemos qué hacer. De ahí, el siguiente apartado.

¿Hay que dejarlo llorar o es mejor calmarlo en seguida?

Ésa es la gran pregunta que se hacen todos los padres; sin embargo, la respuesta no es tan sencilla. Depende de la edad y del motivo.

Cuando son recién nacidos, nuestro objetivo sería calmarle y darle sensación de seguridad y protección. Sin embargo, cuando ya tiene un añito, lo podemos dejar llorar de forma paulatina para que vaya aprendiendo a esperar.

Objetivo

— Aprender a descifrar los distintos sonidos de su llanto y relacionarlos con sus necesidades: soledad, hambre, frío, miedo, incomodidad...
— Encontrar una manera de comunicarnos con él.

Signos de alerta

Nos hemos de preocupar cuando:

— El niño llora desconsoladamente y no hay manera de calmarlo.
— Nos encontramos haciendo las mil y una «tonterías» para que se calle.
— No sabemos adivinar por qué llora.
— Nos pasamos toda la noche en vela para que no llore.

Soluciones prácticas

Es conveniente turnarse ambos padres para no saturarse, ya que es mejor enfrentarse al llanto con calma y paciencia. Si notas que estás perdiendo los nervios, pide el relevo a tu pareja.

Hay que evitar también tomárselo como algo personal; los niños no lloran para fastidiarnos aunque a veces lo parezca.

Si eres capaz de ponerte en su piel, será más fácil que lo entiendas y tu actitud será la adecuada para calmarlo.

Piensa también que el bebé se siente solo, no conoce cómo funcionan las cosas en el mundo real y a menudo se desespera. La seguridad del vientre materno se ha sustituido de repente por un entorno hostil, frío y lleno de sensaciones incómodas y desconocidas.

Y, sobre todo, es importante tener en cuenta que se trata de una etapa y que pasa más rápido de lo que puedas pensar. De pronto empiezan a hablar y todo cambia.

Situaciones cotidianas

Una noche, Sandra empezó a llorar de repente de forma desesperada. Hasta ese momento había sido una niña tranquila, pero con los niños ya se sabe, no valen las normas; son los reyes de la improvisación. Nunca hay que bajar la guardia.

Ana y Javier acudieron rápidamente, pensando que había algún problema y se pasaron toda la noche intentando adivinar qué le pasaba a la niña. Si tenía hambre, frío, también le cambiaron el pañal... y finalmente se la llevaron a su cama. Fue mano de santo, al calor de sus padres, el bebé de apenas cinco meses se durmió plácidamente.

Las cosas cambiaron a partir de entonces, y Ana y Javier no daban crédito. ¿Qué pasaba? Sandra ya no aguantaba toda la noche durmiendo de un tirón, sino que se iba despertando para reclamar contacto. Para ellos era incomprensible, pero la respuesta era sencilla.

El cambio más importante que se había producido en la vida de este bebé era la ausencia de su madre, que se había incorporado al trabajo tras los cuatro meses de baja laboral. La niña la añoraba y buscaba su calor, su olor y su contacto.

Un cambio semejante es sustancial en el pequeño mundo de un bebé, que se organiza en torno a la figura materna, alimentadora y protectora. Y, además, es absolutamente incomprensible para su «razonamiento» infantil. ¿Qué sentido tiene que lo que más necesita y le aporta tranquilidad desaparezca de su vida sin previo aviso y sin que se pueda predecir?

Adiós, querido chupete

El chupete es el ansiolítico preferido por nuestros hijos hasta los tres o cuatro años. Sus detractores nos alarman diciendo que deforma los dientes, pero esto no es así, en realidad, lo que deforma es el paladar, y lo que trae muchos problemas a los dentistas es «hacer la pipa» o chuparse el dedo.

Antiguamente no se usaba, ya que los niños se pasaban el día enchufados literalmente al pecho materno. Había nodrizas que sustituían a la madre, y no fue hasta principios del siglo XIX cuando se empezaron a usar lo que serían los primeros chupetes, pañuelos de hilo en forma de bolsa con azúcar dentro y empapados con un poquito de vino para que el bebé se adormeciera. Como sabemos, el alcohol produce un fuerte efecto sedante.

El chupete bien utilizado nos puede salvar en más de una situación. Los nervios, la ansiedad o la inseguridad provocan el llanto de los bebés, y a menudo cuesta calmarlos. El chupete es el remedio ideal. El instinto de succión está muy arraigado durante los primeros dos años de vida, en los que a los niños se los reconoce como «lactantes», y el hecho de succionar tiene un efecto sedante casi instantáneo.

Has de saber que, cuando son tan pequeños, el centro de su mundo se localiza en el estómago, que se encuentra «desesperado» de hambre o felizmente saciado. El primer órgano de aprendizaje del bebé es su boca, y a través de los diferentes objetos que descubre mediante ella va estableciendo las primeras clasificaciones de las cosas que le rodean.

Para el niño pequeño existen dos tipos de cosas: las que se pueden succionar y calman el hambre, como el biberón y el pecho, y las que no lo calman, como el dedo, el chupete, la sábana, los juguetes...

En esta etapa, el niño clasifica todas sus experiencias, por eso es importante que juegue a través de sus sentidos y de los movimientos más variados. Todo lo que haya experimentado en esta época queda grabado en su disco duro a la espera de adjudicarle la etiqueta verbal pertinente en el momento de aprender a hablar.

Los bebés tienen que adaptarse a multitud de situaciones nuevas y no todos lo hacen de la misma manera, pero a veces no es porque tengan mayor capacidad, sino porque se les ha permitido desarrollarla.

Objetivo

— Es importante que asocie el chupete al momento de dormir, para calmarle el llanto o la ansiedad.
— Hay que evitar que lo lleve colgado todo el día.

¿Cómo elegirlo?

Existen multitud de modelos, formas y materiales diferentes en el mercado: clásicos, anatómicos, de látex o silicona. Sin embargo, pequeños o grandes, en cuestión de chupetes, el tamaño sí que importa. Y lo que más nos interesa es que lo pueda coger bien y se amolde a sus «morritos» con suavidad.

Al principio, parece que les cueste adaptarse a él, lo escupen, y muchos padres acaban pensando que su hijo no lo quiere. Esta reacción es normal al principio. Por otra parte, el hecho de no utilizar chupete no representa ninguna ventaja para el pequeño y sí muchos inconvenientes.

Signos de alerta

Hay motivos para preocuparse cuando:

— Al cumplir los 30 meses todavía no se despega del chupete para nada, habla con él en la boca y sólo se lo quita para comer.
— Cada vez que tiene un disgusto y no se calma hasta que tiene el chupete.

Soluciones prácticas

Dejar el chupete es el último eslabón en su progresión hacia la independencia. Alrededor de los dos años y medio, el niño empieza a dejar de ser un bebé y comienza a asumir ya las conductas de un niño que se prepara para empezar la escolaridad. Su primer paso será dejar atrás los pañales, tanto de día como de noche. Después hará el cambio de la cuna a la cama y por último dejará el chupete.

Es importante que el niño entienda lo que va a pasar y que deje el chupete de forma voluntaria. Le podemos proponer que se lo deje a los Reyes Magos, si coincide por fechas, y si no, al Ratoncito Pérez.

Si cuesta que lo deje, podemos probar a untar el chupete con un líquido especial para dejar de morderse las uñas. Este líquido le da un sabor amargo y el niño lo rechaza.

No existe una edad concreta para que abandone el chupete. Sólo hemos de intentarlo cuando veamos que está preparado, normalmente entre el primer año y los tres años y medio. Tampoco hay que obsesionarse. El momento de decir adiós al chupete ha de ser como quien se despide de un viejo amigo, sin que haya traumas ni conflictos posteriores.

Cada niño tiene su propio ritmo de maduración emocional y cada uno lo lleva de manera distinta. Hay niños muy chupeteros, más ansiosos que otros o a los que les cuesta más hacerse mayores. A éstos hay que darles su tiempo. Que un niño/a lo haga antes no quiere decir que sea mejor en nada.

Hemos de tener presente que, para muchos padres, el chupete es sólo un aliado que ayuda a calmar al niño en momentos conflictivos, y que alguna vez ha supuesto un verdadero problema no tener uno a mano. Para otros padres supone un engorro antiestético que les trae de cabeza.

Sin embargo, para el pequeño significa mucho más; es su mejor amigo, su consuelo, su seguridad... es bastante más que un simple artilugio sin aparente sentido.

Por eso conviene tomarse muy en serio el momento de la separación, con una estrategia bien estudiada para que no haya margen de error.

Sería absurdo querer hacerlo antes de hora y, luego, viendo lo mal que lo pasa el niño —ya que si no es el momento adecuado para él, será una situación muy difícil—, volver a dárselo. Entonces, además, perdemos credibilidad ante el niño y, sobre todo, su confianza.

Situaciones cotidianas

El momento de dejar el chupete vendrá determinado por el ritmo madurativo del pequeño. No se trata de imponer o prohibirlo, porque toca, aunque en la guardería os lo hayan comentado y sus amigos del parque ya no lo usen. Hay que lograr que asimile el cambio con naturalidad, encontrando el momento oportuno y la situación adecuada.

Y, sobre todo, se debe evitar las comparaciones entre hermanos. Es posible que vuestro primer hijo decidiera alrededor del año y medio prescindir del chupete sin demasiados problemas. Y, en cambio, al segundo le cueste más.

Para Max, por ejemplo, dejar el «chupe» supone una gran pérdida y no lo tiene nada claro. Cada vez que su padre intenta explicarle que los Reyes Magos van a llevarse su preciado tesoro, él hace como que la cosa no va con él y que el chupete que buscan no es el suyo.

Los niños necesitan a menudo un aliciente más inmediato o que les impacte más. Max no encontró el suyo hasta que su padre, un gran observador, descubrió por casualidad cuál era su punto débil.

Al notar la pequeña presión que se le hacía para que dejara el chupete, Max no se deshacía de él para nada. Lo llevaba consigo como si fuera un amuleto. Por otro lado, le gustaba mucho ver con papá los partidos de fútbol de los domingos.

Aunque se le había explicado hasta la saciedad que los niños mayores ya no llevan chupete, él hacía caso omiso. Hasta que un día, mientras veían un partido juntos, el padre le dijo: «¿Ves? Ninguno juega con chupete; ya son mayores. Si quieres jugar como ellos, tendrás que dejarlo.»

Esa misma noche, el niño se despidió de su inseparable compañero y, a la mañana siguiente, cogió a su padre de la mano y tiró su adorado chupete por el inodoro, tras decirle un emotivo adiós. Al mirar a su padre, le dijo: «Ahora, Max ya puede jugar a fútbol.» Éste fue el final feliz del «chupe» de Max; sin embargo, para Mónica, una niña de tres años, las cosas fueron diferentes.

Mónica no estaba preparada y sus padres decidieron quitarle el chupete sin darle mayor importancia. No se esperaban que la primera noche sin él iba a ser un drama. La niña se pasó toda la noche gimiendo, acurrucada y sin poder conciliar el sueño.

Al día siguiente, estaba destrozada, como si hubiera perdido a su amigo del alma. Vagaba por la casa como alma en pena y no tenía ganas de jugar. Los padres se asustaron, pensaron que no iban a aguantar muchas noches como aquélla y se dieron un plazo. Esperarían al fin de semana, y si la cosa no mejoraba, tendrían que comprarle, qué remedio, un chupete nuevo.

Y así sucedió. Mónica pasó una semana de total desconsuelo, consiguió un chupete nuevo y volvió a ser la niña alegre de antes... Sin embargo, ahora tiene cinco años y sigue durmiendo con su adorado chupete.

Así que, tal como hemos explicado antes, hay que observar y darle su tiempo, de nada sirve actuar con precipitación. En cosas de niños es necesario planificar bien las cosas antes de actuar.

Vamos a la cama. Enséñale a dormir

Éste es uno de los temas sobre niños que genera más polémica y sobre el que se ha escrito más. Yo no voy a teorizar, sino a intentar ayudaros como padres a distinguir cuándo existe un problema y a aportar soluciones prácticas desde el enfoque sistémico.

La terapia breve estratégica nos ofrece una nueva manera de entender este tipo de situaciones conflictivas. Por ejemplo, la hora de irse a la cama suele representar un problema cuando se enfrentan ambas posiciones, la de los padres y la de los hijos.

Los padres quieren que sus hijos se vayan a la cama y sobre todo que se duerman... y lo quieren, a veces, de forma desesperada. Los niños los agotan, se quedan sin paciencia, están cansados de la larga jornada laboral y buscan un poco de paz. Quieren «desconectar».

Por otro lado, los hijos buscan el contacto con sus padres, a los que suelen ver poco. Ellos no quieren irse a dormir y luchan con todas sus fuerzas contra el sueño. Se forma un ciclo vicioso en el que la oposición al sueño de los niños desborda a los padres. Éstos se desesperan y contagian a sus hijos el nerviosismo, con lo que se dificulta la posibilidad de que los niños se relajen y puedan conciliar el sueño.

Todo eso nos indica que la clave está en cambiar la actitud de los padres para desbloquear el ciclo. Os preguntaréis por qué; ¿no sería más fácil cambiar al niño?

Objetivo

El niño ha de aprender a dormir y a regular su ciclo de vigilia-sueño. Para ello hemos de dejar atrás las ganas de «deshacernos» del niño y empaparnos de paciencia. Se trata de compartir un espacio de intimidad para relajarnos juntos y ayudarle a que concilie un buen sueño reparador.

Según su constitución y genética hay niños a quienes cuesta más dormirse que a otros. Éste sería el caso de Álex, un niño muy despierto y con un tono muscular muy elevado, que a las tres semanas de vida ya aguantaba perfectamente la cabecita sobre los hombros si se le dejaba en la cunita boca abajo. Su fuerte musculatura le impide muchas veces encontrar una postura en la que se sienta cómodo y se pueda relajar, lo que le hace difícil conciliar el sueño.

Hay que hacerle masajes después del baño, ponerle una música muy relajante y ayudarle a que no se le contraigan más los músculos. Son niños que se mueven mucho en la cuna y nunca te los encuentras en la misma posición en que los has dejado.

Nacho, sin embargo, es un bebé con una tonicidad más laxa y está tan relajado normalmente que no le cuesta dormirse y lo hace en cualquier sitio.

Signos de alerta

Nos hemos de preocupar cuando:

— Nos encontramos a las dos de la madrugada dando vueltas a la manzana con el cochecito para ver si por fin se duerme.
— Hay que levantarse más de tres veces cada noche.
— Hay que tener conectados los interfonos constantemente, por si acaso.
— El niño o la niña ya tiene tres años y sigue durmiendo en la habitación de los padres.
— Pasados los seis años todavía duerme, de forma más o menos habitual, en la cama de los padres.
— No quiere quedarse a dormir en casa de ningún amigo cuando ya tiene ocho años; tampoco quiere irse con los abuelos ni de campamentos con el colegio.
— Se duerme cogido de la mano con más de ocho años.
— Necesita que tú o tu marido estéis en la habitación hasta que se duerme.

Soluciones prácticas

Es importante saber que el sueño es una necesidad fisiológica, pero que se aprende como un hábito. Aunque también es verdad que hay niños alondras, que se despiertan muy temprano, y otros tipo búhos, que nunca tienen hora de acostarse.

El cuerpo se acostumbra a todo. Sin embargo, fisiológicamente los niños necesitan doce horas de sueño nocturno y dos de siesta hasta los tres años. Posteriormente, desaparece la necesidad de siesta, pero las doce horas nocturnas se mantienen hasta la pubertad.

Nuestro pequeño truco consiste en acostarlos doce horas antes de la hora en que se suelen despertar. Es decir, si tu hijo amanece a las siete y media, acuéstalo a las siete y media de la tarde.

Su reloj biológico suele ser muy exacto y los biorritmos infantiles van regulados por el ciclo del sol. En invierno, los niños siguen unas pautas diferentes al verano, ya que la intensidad y cantidad de luz solar varía con las estaciones del año.

También es importante que cenen pronto, pues a esas horas suelen estar de mal humor porque están cansados y tienen hambre; sin embargo, y como una costumbre cultural, les hacemos esperar hasta la hora de la cena, que suele ser las ocho y media.

Así que, al llegar de la calle, es mejor darles de cenar, luego hacemos que se relajen en un baño calentito y, a continuación, los ponemos a dormir. O, viceversa; es decir, esta secuencia se puede cambiar en función de las necesidades del niño.

Por ejemplo, si tenemos niños comilones o les cuesta comer es mejor empezar por la cena, así se relajarán. Si no, luego se ponen muy nerviosos y acaban sin cenar de puro cansancio. Un buen consejo es hacer el test del primer capítulo, así tendremos más claro a qué enfrentarnos, qué tipo de niño tenemos entre manos, de manera más objetiva.

Además, hemos de tener en cuenta que durante los primeros meses de vida de nuestro hijo todo el mundo nos dará su opinión respecto a cómo educarlo. Las abuelas, las vecinas, el pediatra, los amigos... cada uno ve el tema de la educación de forma diferente, pero ninguno de una manera real, porque la inmensa mayoría no aportan consejos objetivos basados en la experiencia profesional.

Así pues, el test contribuye a que tanto el padre como la madre vean cómo es su pequeño de una forma neutral, al margen de opiniones basadas más en el cariño que en la realidad objetiva.

Situaciones cotidianas

Estela ya demostró mucha potencia en su primer llanto. Es una niña fuerte y vigorosa. Tiene hambre y reclama mucho el contacto físico; aprendió a llorar en seguida y sabe cómo hacerlo para revolucionar a toda la casa en un segundo. La madre le da el pecho y empieza a sentirse agobiada. Parece que la niña tenga un sensor y detecte cuándo la madre decide irse a descansar. Basta que Lucía, la madre, ponga la cabeza en la almohada, para que Estela rompa a llorar desgarradoramente.

Este panorama suele presentarse por las noches, y la solución ideal que acude de inmediato a la mente es: «Aprovecha y duerme de día cuando lo haga ella.» Sin embargo, de día no duerme más que pequeñas siestas que no duran más de un cuarto de hora. Estela lo mira todo con ojos vivaces y despiertos; le interesa más explorar lo que hay alrededor que dormirse plácidamente, para desesperación de su madre.

Es evidente que convivir con un bebé de este tipo puede ser muy complicado si uno no se lo toma con mucha calma. Pedro, el padre, empezó a darse cuenta de que la situación se les estaba escapando de las manos, así que tomó cartas en el asunto.

Él y su mujer tuvieron una larga charla para decidir cómo afrontaban el problema; empezaban a sentirse muy perdidos debido a comentarios bastantes «destructores»:

«Tenéis que dejarla llorar.»

«Os está tomando el pelo.»

«¡Típico de padres primerizos!»

«El mío duerme de un tirón desde los quince días.»

«Sois muy blandos.»

Lo habitual en estas ocasiones es hacer caso de los comentarios. En este caso, Lucía y Pedro acaban pensando: «O ella o nosotros.» Están dispuestos a dejarla llorar sin compasión toda la noche y se disponen a pasarla en vela.

Acordémonos, sin embargo, de que la niña tiene un mes escaso de vida, así que os podéis imaginar el desastre. La pequeña llora a pleno pulmón y los somnolientos padres acaban con ella en brazos, acunándola, de pie... porque a la que paran de moverse empieza otra vez a llorar.

Después de este episodio, Lucía y Pedro deciden cambiar de actitud, y día tras día van probando uno tras otro los diferentes consejos que les han dado. Pero ¡ninguno funciona!

La pequeña Estela está cada vez más irritable y nerviosa, y tiene el llanto a flor de piel. Está perdiendo peso, ya que tampoco se relaja para alimentarse y no tiene fuerza para succionar la leche necesaria del pecho de su madre. Se cansa, su pequeña mente no entiende nada...

Todos estos cambios en su vida no hacen sino aumentar su sensación de inseguridad; tiene miedo a quedarse sola y no ha aprendido a confiar en sus padres, ya que Lucía y Pedro están incluso más desorientados que ella.

Así pues, el análisis que podemos hacer de la situación es claro. Pedro y Lucía no deben escuchar los consejos que les dan, por bien intencionados que sean. Cada historia es diferente, y lo que se ha aplicado a un bebé difícilmente puede funcionar en otro, ya que no sólo cambia el niño o la niña, sino también los padres.

Estela es una niña hipertónica, con una fuerza muscular que a menudo le impide encontrar la postura ideal para relajarse y dormirse. Necesita mucha calma, un entorno relajado, poca luz y ausencia de estímulos en el momento de acostarla.

Una suave música y la dulce voz de su padre o su madre la ayudarán a relajarse. Los padres habrán de seguir la misma rutina cada día para que aprenda lo que va a pasar y se sienta segura, y ¡darle una gran dosis de paciencia y cariño! Los bebés no son muñecos autómatas y no podemos pretender desenchufarlos con un interruptor y que pasen de la total actividad —incluso de la excitación— al sueño en un plis plas.

Rutina no significa horario, sino hacer las cosas siempre en el mismo orden para que el niño pueda aprender qué va a pasar en cada momento, y ello le permite relajarse.

Es importante también que algún elemento externo le dé el pie o le induzca al sueño por asociación de ideas:

— Muñecos con música,
— perfume materno,
— CD con música para bebés, con el latido del corazón de fondo, etc.

A comer... sin problemas

La alimentación de un niño pasa por muchas etapas durante los primeros años de vida hasta alcanzar la variedad y flexibilidad de un adulto. Hay alimentos prohibidos dependiendo de las edades y de los países o culturas. Éste es un dato muy curioso que nos sirve para desmitificar un poco todo este supuesto lío de la alimentación.

Un niño que se cría, por ejemplo, en Estados Unidos no tomará papilla de frutas —los cítricos están prohibidos— hasta los cinco años. En cambio, allí añaden manteca de cacahuete a todas las papillas. En la India no prueban la leche de vaca y los chinos se alimentan exclusivamente de arroz y papillas de cereales.

Puestas así las cosas, vamos a ver, además, si es mejor que las papillas las coman con cuchara, cuándo empezar a hacerlo, o si es mejor el biberón o la lactancia materna.

A menudo, muchos padres y madres preguntan al pediatra por qué su bebé sólo come un tipo de carne o de pescado y no quiere probar alimentos nuevos en las papillas. No nos alarmemos, eso es normal. A los niños les cuesta probar nuevos gustos, sabores, texturas, y hay muchas cosas que les dan asco hasta que no son un poquito mayores.

Los niños requieren mucha rutina en todo, incluso en la variedad de alimentos. Les gusta saber que cada noche van a cenar sopa, por ejemplo; les da mucha seguridad. Aprenden también a distinguir la hora de comer de la de la cena porque comen alimentos diferentes según el momento del día.

Somos los mayores, por cierto, los que nos aburrimos haciendo siempre lo mismo. Ellos prefieren ver siempre los mismos dibujos animados o la misma película, aunque se la sepan de memoria, y hacer las cosas siempre en el mismo orden. Así funciona su «reloj», es su manera de organizarse.

Objetivo

Vamos a hacer de la comida un momento especial. No sólo alimentamos a nuestro pequeño, sino que aprovechamos para estrechar nuestros vínculos afectivos con él. Le hablamos, cantamos, sonreímos y compartimos el momento viendo cómo disfruta comiendo, mamando o tomando su biberón.

Este rato ha de ser agradable, relajado, sin nervios ni tensión. Para ello hay que evitar marcarse objetivos demasiado rígidos y dejar que el niño o la niña se vaya adaptando a su propio ritmo.

Signos de alarma

Los errores alimentarios más comunes son:

— Estar pendiente constantemente de la balanza, de si aumenta o no de peso... y obsesionarse con las cantidades que ha de comer.
— Obligarle a comer cuando toca.
— Distraer al niño para que coma sin darse cuenta.
— Engañar al pequeño con el chupete y cambiárselo por el biberón sin que se dé cuenta.
— Pensar que los mejores padres son los que tienen el niño más «hermoso», o sea el más gordo.
— Pensar que es culpa nuestra que no coma bien.

Así que antes de alarmarnos es fundamental averiguar por qué no come. No es lo mismo un niño inapetente que uno caprichoso u otro que está pasando unos celos terribles porque acaba de tener un hermanito.

Lo primero que hay que plantearse es si siempre ha sido así o hemos notado un cambio: si siempre le ha costado comer o comía muy bien y de golpe no prueba bocado. Hemos de pensar que todos los cambios afectan al niño y que no siempre se tiene el mismo apetito.

Pero, desde luego, si está contento, comerá mejor que si está triste y abatido. Respetemos su ritmo y no le obliguemos; siempre es mejor esperar un poco y darle de comer cuando tenga hambre. No nos interesa que le coja manía a la comida.

Soluciones prácticas

Nuestra prioridad es que coma, que se alimente y que crezca sano y fuerte... ¿Cómo? Eso dependerá de la edad y del niño.

Hay que adaptarse a sus necesidades.

La lactancia materna está demostrando que funciona mucho mejor a demanda que con un horario inflexible. Además, ayuda a regular el sueño nocturno por la cantidad de triptófano —una sustancia— que lleva en su composición.

Por otra parte, cada vez que introduzcamos un cambio, hagámoslo poco a poco para que se acostumbre de forma paulatina. Es conveniente darle a probar un poquito del nuevo alimento cada día y luego continuar con lo de siempre para evitar que se quede con hambre.

No nos interesa que se quede con hambre. Un recién nacido o un bebé pequeño no puede entender esa sensación desagradable de quedarse insatisfecho. A su manera, piensa: «¿Por qué no me calman este dolor en la tripa?», y se desespera, se enfada, no quiere nada con vosotros.

Hay que tener en cuenta además que el paso de la lactancia natural al biberón no se debe hacer de golpe, como tampoco el paso del biberón a la papilla. También, la introducción de la cuchara suele sorprender mucho a nuestros pequeños; es un elemento extraño, a menudo frío y demasiado rígido, que se interpone entre él y la madre.

Para la incorporación de la cuchara sería adecuado dejarle jugar con ella primero para que la conozca, la chupe y le resulte familiar. Después empezaremos a darle dos o tres cucharadas y a continuación el biberón. A medida que vaya aprendiendo que se le está retirando éste, iremos aumentando la cantidad de cucharadas.

Trucos básicos para enfrentarse con éxito a la hora de comer

La paciencia y la indiferencia son nuestra mejor arma ante una comida conflictiva. Perder los nervios, amenazarle sin tele o recriminarle su actitud no ayudarán a que el pequeño aprenda a comer de todo y de una forma regular, sino todo lo contrario.

Enséñale a comer

- La hora de comer ha de ser un momento relajado de confidencias, de intercambio y relación entre padres e hijos. Es bueno que os vea comer a vosotros también, ya que así os imitará.
- Hacedle platos combinados con pequeñas raciones de distintos sabores y colores: una croqueta, dos patatas fritas y un poquito de jamón dulce, por ejemplo. Es importante que se lo pueda acabar; calculadlo para que sea así. De esta manera podréis alabar su conducta y generar «buen rollo». Después dadle de postre la papilla habitual para aseguraros de que no se queda con hambre.
- Evitad que tome mucha agua entre comidas. Lo único que conseguiréis es que disminuya su apetito y no se alimente bien. Tanto las papillas como los biberones ya aportan el agua necesaria. Hay que empezar a ofrecerle agua —en pequeñas cantidades y siempre después de comer— cuando comienza a tomar comidas sólidas.
- Al principio hay que dejarle que toque la comida con las manos o se ayude con ellas. Es algo que le costará controlar, así que dejadle experimentar, ha de ir a su ritmo. No os olvidéis de dedicarle la mejor de las sonrisas cuando acabe. También funciona prometerle un cuento al acabar.
- El tiempo para comer debe oscilar entre veinte minutos y media hora; de lo contrario se aburrirá, y también vosotros.

Si el niño dice: «Si no veo los dibujos, no como», o algo parecido, significa que ha descubierto vuestro punto flaco y lo utiliza para conseguir lo que quiere. ¡No cedáis nunca en estas situaciones!

Es muy importante, por otra parte, hacer de la hora de la comida un ritual agradable y esperado por el niño. Siempre debe comer en el mismo lugar y de la misma manera, y mejor si es en la cocina, el sitio más apropiado, con el babero y la cuchara.

Esto significa que no podemos pasarnos dos horas para que coma, haciendo todo tipo de «monerías» para que se entretenga, ni podemos darle de comer cada día en un lugar diferente, en el salón, en la cocina, delante de la tele, en su cuarto, sino establecer una rutina para que pueda aprender qué conducta se espera de él.

Si las recomendaciones del cuadro anterior no funcionan, es conveniente que se quede a comer en la guardería, en el colegio o en casa de los abuelos una temporada. Es mejor cortar esta situación que alargarla y crear un verdadero conflicto. Está en peligro vuestro vínculo afectivo; tanto el niño como el padre o la madre encargado de las comidas puede empezar a sentir manía hacia esa situación y, con ello, enturbiar la relación.

Si te sorprendes a ti mismo/a pensando: «¡Bien!, hoy me salto la comida del niño; no lo veré hasta la noche», es que algo no está funcionando como debiera.

Muchos padres se agobian ante esta situación y buscan mil excusas para librarse del calvario que supone darle de comer a su hijo. Si sentís algo parecido, es que la situación se os está escapando de las manos y hay que tomar cartas en el asunto. Cualquier opción de las antes comentadas es válida.

El objetivo es atajar la situación de desgaste psicológico, desimplicarse para aumentar el grado de objetividad. Seguramente, en un entorno más neutral y con más niños a su alrededor, podrá imitar su comportamiento y aprenderá a comer sin mayores problemas.

No dejaréis de ser unos papás fantásticos por eso. Vuestro cometido implica aspectos más profundos —como mantener una buena relación emocional y sentimental con vuestro hijo— que han de preservarse.

Situaciones cotidianas

Imaginemos a Valeria, un bebé de seis meses, que después de tomar su baño se cae de sueño, se pone nerviosa y, aunque las otras papillas del día se las come sin problemas, por la noche acaba por dormirse sin apenas probar bocado.

La cuchara exige un esfuerzo y ella no está por la labor. Lo peor es que a medianoche se despierta, tiene hambre y llora hasta que no consigue su biberón. La solución, en este momento, pasa por dejar de lado la cuchara en la toma nocturna, temporalmente. A los seis meses es más importante que no se salte una toma y se alimente convenientemente que el que se habitúe a la cuchara. Hay tiempo para todo. La adaptación suele ser progresiva. Es mejor ir despacito, pero con buena letra.

El patito feo. Cómo fomentar su autoestima

Si la autoestima es el sentimiento de seguridad sobre uno mismo, la autoestima infantil se construye sobre la base de seguridad que siente a su alrededor y los vínculos afectivos que percibe desde la cuna.

El día en que nace, la seguridad intrauterina del bebé se rompe. De repente, todo es nuevo para el recién nacido y eso genera en él una gran desorientación e inseguridad. Ésta es una de las razones por las que los especialistas que nos dedicamos al cuidado de la infancia —pediatras, psicólogos, pedagogos, profesores— recomendamos con mucha vehemencia respetar las pautas, el ritmo y la rutina del niño.

En esta etapa, la rutina y las secuencias de acciones encadenadas aportan una gran dosis de seguridad al niño. El bebé, gracias a hacer cada día lo mismo y en el mismo orden, aprende qué es lo que va a pasar a continuación. Es como darle un reloj y ayudarle a controlar su vida y sus sensaciones. Le ayuda a no sentirse perdido en la vorágine vital en la que le metemos.

Imaginaos, por el contrario, que cada día le va a buscar una persona diferente a la guardería, cambia de casa o de colegio de un día para otro, uno de sus padres «desaparece» de casa, etc. Comprenderéis, después de lo explicado, que los cambios no ayudan al niño pequeño a sentirse seguro en un medio y una forma de vida en los que, prácticamente, acaba de aterrizar.

La incipiente seguridad que le aporta su entorno es la base en la que se asienta su seguridad personal, que es uno de los factores que contribuyen a elaborar un fuerte sentimiento de autoestima.

La autoestima es el sentimiento de satisfacción que tiene uno de sí mismo. Hacia los dos años de edad, los niños y niñas desarrollan cierta idea de quiénes son y cómo son. A esa edad despliegan una idea general de sí mismos, que incluye distinguir el sexo y la familia a la que pertenecen, gustarles o disgustarles determinadas comidas, tener juegos o juguetes favoritos, por ejemplo.

Es evidente que no somos la única fuente de aprendizaje emocional, pero sí la más importante a esta edad. La autoestima de nuestro hijo se elabora en función de cómo percibe el niño lo que los demás piensan de él. Es el reflejo que ve en los demás de sí mismo lo que le ayuda a configurar la imagen que tiene de su persona, tanto en el ámbito físico, como en el intelectual o el personal. Así que ojo con los comentarios que hacemos sobre él o ella, o lo que puede escuchar sobre su persona.

Objetivo

Conseguir que se quiera y se acepte tal como es.

Signos de alarma

Hay motivos para preocuparse cuando:

— Juega sólo, no busca a otros niños ni en la guardería ni en el parque.
— Está triste o alicaído/a.
— No tiene hambre.
— Se pasaría el día durmiendo si lo/a dejaras.
— Cambio de conductas.

Soluciones prácticas

Aplicad a la educación de vuestro hijo la teoría de la Inteligencia Emocional. Ésta trata de vincular el éxito personal a la capacidad de ser feliz y de controlar y llevar a cabo una buena gestión de las emociones.

Os proponemos cinco reglas básicas que os pueden ayudar mucho en la tarea de estimular la capacidad emocional de vuestro hijo.

- **Queredlo mucho.** Demostradle vuestros sentimientos; no se trata sólo de cuidarlo y dar por sentado vuestro cariño hacia él. El principal papel de los padres es educar y transmitir vuestros criterios en un entorno afectivo. Jugad, reíros con él, acariciadle, achuchadle... No os limitéis a ser buenos padres, ¡disfrutadlo!

- **Dedicadle tiempo.** Ya sabéis, vale más la calidad que la cantidad, pero, ojo, sin pasarse. Así que renunciad a alguna actividad extra para estar más tiempo con vuestro hijo o hija; os lo agradecerá. Recordad, el roce hace el cariño.
- **No lo criéis entre algodones.** Son pequeños pero no tontos. Querer intensamente a un hijo no significa facilitarle la vida para que todo le salga «perfecto». Si cedemos a todos sus caprichos, nada le hará ilusión, estará desmotivado. La satisfacción de conseguir algo que le ha costado mucho lograr no tiene precio y es muy educativa. Así se sentirá orgulloso de sí mismo. Vuestro hijo ha de tener unas normas y unos límites, con unos horarios establecidos. De esta manera sabrá qué se espera de él en cada momento, se sentirá más seguro y se portará mejor.
- **Corregid, pero no humilléis.** Para construir su amor propio, el niño sólo cuenta con los signos de aprecio que le llegan, y las desvalorizaciones, verbales o no, destruyen sus incipientes logros. Destierra de tu vocabulario la frase: «Qué malo eres», y sustitúyela por: «Qué mal te portas.» Ten en cuenta que este pequeño matiz hace que el niño no sea culpable, sino que significa que se ha equivocado.
- **Transmitidle vuestros valores.** Hemos de mantener un criterio de coherencia con las actitudes, las palabras y los gestos. No vale prometer una cosa y luego olvidarnos o hacer ver que no nos acordamos. Lo que se dice se cumple y si no, nos mordemos la lengua. Esta coherencia es necesaria para generar la confianza necesaria para que nuestros hijos nos respeten.

Situaciones cotidianas

Mamá y papá están sentados viendo la tele, y Rafa juega en la alfombra. Todavía no se preocupa ni por su imagen ni por lo que piensan los demás de él, pero su cabecita va registrando cualquier comentario que escucha.

«Míralo, es muy patoso. Deberíamos apuntarlo a natación a ver si mejora», le comenta Clara a su marido.

Él contesta: «No, ya le enseñaré yo. El fin de semana intentaré que aprenda a montar en triciclo.»

Rafa capta estas palabras, que no son nuevas para él. En la guardería también ha escuchado de sus monitoras comentarios parecidos. Es evidente que el pequeño Rafa todavía no sabe qué significa ser patoso, pero tiene muy claro que no es nada bueno. Se da cuenta de que no es como los demás y eso le entristece.

La manera en que lo traten, el rol que le asignen, tanto los padres como los profesores, e incluso los compañeros, le servirá para irse ubicando y formándose una idea global de su forma de ser.

El niño a menudo confunde cómo le gustaría ser con cómo es, sobre todo cuando es pequeño. Pensemos que en el proceso de formación de su autoestima intervienen todos los comentarios que el niño escucha sobre su persona. Si el pequeño, como el pobre Rafa —como el patito feo—, se ha pasado toda la infancia oyendo comentarios del tipo:

—Pobrecito, qué lento es.

—Voy a ayudarle, porque si no, no acabamos los deberes ni a tiros.

—Crece poco, a ver si se queda bajito.

—Bueno... no es muy guapo.

—Su hermana sí que es simpática...

Así que el niño crece pensando que es un desastre y que no sirve para nada, con lo que casi nunca se atreve a hacer las cosas; se siente muy inseguro. Y esta inseguridad se ve aumentada con el desorden cotidiano.

Cristina suele improvisar mucho y lo deja todo para última hora, con lo que el pobre Rafa nunca sabe lo que le toca hacer, se desorienta y la inseguridad le desborda. Él acaba llorando, y su madre, histérica porque no soporta a los niños llorones. Esta reacción no hace sino aumentar el sentimiento de inseguridad de Rafael.

Así que, como ya hemos dicho, la rutina y los hábitos son básicos para generar seguridad en un niño pequeño. Y las reacciones de los padres son decisivas en su formación. Pueden ser como las de Cristina, que, de forma inconsciente, vuelca sobre Rafa su desilusión al no cumplir el niño las expectativas que ella tenía sobre él. O, como Marta, otra mamá, que sobreprotege en exceso a su hija; no confía en sus posibilidades y no le deja evolucionar ni crecer.

Pero, tranquilos, no está todo perdido, estas dificultades para desarrollar una autoestima adecuada, o las situaciones traumáticas que el niño pudiera vivir, no son suficientes para «desmontarlo». Según el psiquiatra Boris Cyrulnik, los niños tienen un instinto de supervivencia emocional que los ayuda a superar estas situaciones. Este mecanismo de defensa, llamado «resiliencia», hace posible que una infancia infeliz no sea determinante en la vida del niño.

En su libro, *Los patitos feos. La resiliencia: una infancia infeliz no determina la vida,* envía un mensaje de esperanza a todos los niños víctimas de desgracias naturales, muertes o guerras. Según su teoría, un niño traumatizado psicológicamente no está condenado a convertirse en un adulto fracasado. No se lo juega todo antes de los tres años, ni todo está decidido ya a los seis. La capacidad de los niños, hasta casi la adolescencia, para adaptarse a las situaciones más difíciles y salir de ellas indemne es asombrosa. Podríamos poner numerosos ejemplos, pero quizás el más sorprendente es el del propio psiquiatra, que consiguió escapar de un campo de concentración nazi a los seis años.

Está aprendiendo. Ayúdale a descubrir el mundo que le rodea

El bebé descubre paulatinamente su entorno, y todo lo registra en su pequeño ordenador portátil, su cerebro. Cada descubrimiento es un pequeño aprendizaje que formará parte de su bagaje tanto intelectual como emocional. Porque, como ya sabréis, las reacciones emocionales también se aprenden.

Primero es todo casualidad: el recién nacido llora porque es el único lenguaje que conoce, y su madre acude para averiguar qué le ocurre. Esta primera reacción sienta un precedente; el bebé ya ha aprendido que si quiere llamar la atención de sus padres, ha de llorar. A partir de ahí se van encadenando las acciones del niño con las reacciones que se originan en los padres.

Es cierto que los bebés registran e interpretan las emociones y sentimientos con una facilidad ya olvidada para los adultos. El niño parece tener unos sensores con los que detecta sin mayor dificultad el estado de ánimo de su madre: si está nerviosa, agotada, triste o alegre. Su fuente de inspiración son la forma de cogerlo, la presión o el tono muscular, cómo modula la voz o incluso el olor de las hormonas que se desprenden con los diversos cambios de humor.

Se trata entonces de contagiarle alegría y buen humor. Los niños pequeños aprenden según el esquema de acción-reacción: si siempre le ponemos el babero antes de comer, sabrá que le toca comer en cuanto vea el babero.

Por eso, como ya hemos dicho, son tan importantes la rutina y los hábitos en sus primeros contactos con la nueva realidad que está descubriendo. Son su método de aprendizaje, su reloj; le sirven para orientarse en el tiempo y eso le da seguridad. Sabe lo que le toca hacer.

A nivel mental le confiere unas coordenadas de orientación espaciotemporales, necesarias para su estimulación intelectual.

Los niños de esta edad tienen los reflejos a flor de piel, son extremadamente sensibles y aprenden como esponjas. Los tres primeros años de vida del niño son cruciales para su desarrollo debido a la gran cantidad de cambios y aprendizajes que experimenta, aunque, por cierto, son los que más atención y energía materna y paterna requieren. Para los que se dedican a fondo, parece que esta etapa no se acaba nunca y cuesta ver lo que el niño aprende día a día.

Primero, porque mientras no hablan, a los adultos nos es difícil comunicarnos y saber qué está pasando por su cabecita, y, segundo, porque suelen hacer lo contrario de lo que esperamos de ellos. Pero es comprensible, ya que los pequeños no nacen sabiendo lo que esperan sus papás que hagan en cada momento; lo han de aprender todo.

Objetivo

Poner a su alcance, lo antes posible, todos los recursos disponibles para que tenga una idea clara del mundo que le rodea y sepa cómo funcionan aquí las cosas.

Signos de alerta

Hemos de preocuparnos si nos empezamos a obsesionar con:

- Que aprenda a nadar, a tocar un instrumento, el abecedario... pero todavía no ha cumplido los dos años.
- Le enseñamos las cosas sin darle tiempo a descubrirlas.
- Confundimos memoria con aprendizaje.

Soluciones prácticas

Para ayudarle a descubrir cómo funcionan las estrategias emocionales e intelectuales, hay que darles unas pautas muy claras. Cuando decimos NO, quiere decir que aquello NO lo haremos; hay que intentar cumplir lo que decimos. La *coherencia* entre lo que decimos y lo que hacemos es la base sobre la que se asienta el aprendizaje emocional infantil. Ésta ha de ser nuestra regla de oro: SER COHERENTES.

Situaciones cotidianas

Cuando tenía un añito, Laia descubrió que cuando vomitaba organizaba un gran jaleo en su familia: su madre se alteraba, para su abuela era casi un drama y el padre se quedaba descolocado. Ellos pensaban que le pasaba algo grave y, como era una niña que siempre iba muy justa de peso, lo veían como un retroceso en su crecimiento.

Es cierto que el vómito en un niño pequeño es muy espectacular y además tiene ese trasfondo emocional de tirar por tierra la dedicación que se le ha dado para que la niña o el niño se alimente bien. El tiempo que ha llevado preparar su papilla, más la paciencia que se ha empleado para que se lo comiera todo, y, de pronto, todos los esfuerzos no han servido para nada.

En este caso, Laia aprendió a provocarse el vómito cada vez que le cogía un berrinche o quería que la sacaran de su cuna. Lo hacía y obtenía los resultados que buscaba; se salía con la suya, le hacían caso... Sin embargo, a veces resulta complicado distinguir cuándo tienen un problema físico o cuándo se trata de una cuestión emocional.

Cómo estimular su aprendizaje

La perspectiva de un niño siempre nos desconcierta y nos coge desprevenidos; nos cuesta ponernos en su lugar. Los niños se espantan por cosas banales, lloran sin motivo, confunden un minuto con una hora y de repente se sienten desorientados y se esconden detrás de nosotros buscando protección.

Hemos de partir de la base de que no piensan como nosotros y su punto de vista, de entrada, siempre será más pequeño que el nuestro. Si rememoráis algún recuerdo de la infancia, no os sorprenderá comprobar que aquella mesa tan grande o la inmensa habitación que tenéis grabada en la retina, en realidad y a los ojos de un adulto, no dejan de ser absolutamente normales. Su comprensión de la realidad dista mucho de la nuestra y precisa de un largo entrenamiento.

El desarrollo mental del niño va íntimamente ligado con el crecimiento físico y en especial con la maduración de los sistemas nervioso y endocrino. Aun así, llegados a la vida adulta, no conseguimos desarrollar más de un 30 % de nuestra capacidad. Por eso son tan importantes los primeros años de vida, ya que es cuando se realizan la mayoría de conexiones neuronales.

El cerebro de un niño se podría comparar con un ordenador de última generación, pero, como todos sabemos, sin software, es decir sin programas, no nos sirve de nada. Sin carpetas para organizar la realidad que va presenciando y experimentando, no construye el pensamiento.

Para empezar a construir las bases de su pensamiento, el niño precisa, por una parte, tener preparadas estas conexiones neuronales y, por otra, un montón de experiencias multisensoriales para clasificar y conceptualizar.

Objetivo

Proporcionarle las experiencias necesarias para que pueda desarrollar todo su potencial y ayudarle a establecer el mayor número de conexiones neuronales. No nos interesa que sea más o menos inteligente, sino que tenga todos los recursos posibles para desenvolverse en un mundo, el del futuro, cada vez más competitivo.

Signos de alerta

Nos hemos de preocupar si:

— El niño o la niña no consigue aguantar la cabecita después de los tres meses.
— No responde a las sonrisas y cosquillas.
— No sigue los movimientos con la mirada.
— No se gira al oír un ruido.
— No intenta moverse ni girarse cuando está en un espacio amplio.
— No reacciona ante los estímulos, ni luminosos ni sonoros, ni a los movimientos.

Soluciones prácticas

Hay que evitar la inmovilidad y darle oportunidades para que experimente el máximo de sensaciones y movimientos.

Los niños se han de manchar, han de tocar, chupar, moverse... Cuantas más sensaciones multisensoriales experimenten, mejor.

El agua, por cierto, nos ofrece un campo de entrenamiento fantástico para el niño pequeño, porque le permite poner en práctica un amplio repertorio de movimientos que en el suelo son imposibles. Las piscinas infantiles para estimular a los bebés —no para que aprendan a nadar— son de gran ayuda para desarrollar sus habilidades mediante juegos que los estimulen.

Ten en cuenta que los niños perciben el mundo que les rodea a través de los cinco sentidos, fundamentalmente la vista, el oído y el tacto, aunque uno de ellos siempre predomina sobre los otros. Se puede ser observador, oyente o intuitivo, y de ello depende en gran medida su manera de entender, sentir y actuar.

La vida de un recién nacido gira en torno al sentido del gusto, del olfato, del oído y del tacto. En esta etapa temprana no ha desarrollado aún su capacidad visual. A medida que crecen, los niños empiezan a ver y a visualizar cosas mentalmente, aprenden a diferenciar entre sensaciones generadas desde dentro, como el hambre, y aquellas generadas desde fuera, como el calor.

Averigua su estilo de aprendizaje

No todos los niños reciben los estímulos sensoriales de la misma manera y, dependiendo de ello, podemos encontrar tres estilos sensoriales muy diferentes: los auditivos, los visuales y los táctiles o kinestésicos. Lo que quiere decir que existe un sentido que predomina sobre los otros y que domina y filtra las informaciones recibidas.

Un niño visual lo percibe todo más a través de la vista, se fija más en el color, fotografía las sensaciones y las describe mediante verbos visuales «Te vi», «Se te iluminó la cara», «Brillaba como el sol...». El kinestésico diría: «Lo noté», «Sentí que tenía miedo», «Sentía algo...». El auditivo, sin embargo, se expresaría con frases como: «Oí unos pasos», «Hablabas flojo», «Se oía un cri cri»...

Cada uno de estos tipos de niño utiliza un vocabulario que nos desvela su tendencia, pero, además, ésta condiciona su aprendizaje: unos necesitan oír una cosa para entenderla, otros verla o leerla, y otros tocarla o experimentarla. Por cierto que en las aulas hoy en día se utiliza de modo prioritario el sentido visual: se escribe en la pizarra, se dibuja mucho, las lecciones se estudian leyéndolas en un libro... Así que si tu hijo o hija no pertenece a este grupo, lo tiene un poco más difícil. Ayúdale hablándole en su propio «idioma».

Los autores de la teoría sobre la programación neurolingüística (PNL), R. Bandler y J. Grinder, afirman que el lenguaje humano revela los procesos mentales inconscientes. Según este modelo teórico, la PNL, lo que la gente dice es una representación de su experiencia sensorial del mundo que les rodea.

Así, un niño puede prestar más atención a la información visual que a la auditiva. Puede entender un asunto concreto desde la perspectiva visual y expresarlo con un lenguaje que se apoya en términos visuales: «Vi que te ibas», «Mi amigo me miró», etc., y tener, además, dificultades para prestar atención a un discurso meramente auditivo.[1]

El primer paso para ayudar a tu hijo o hija a desarrollar todo su potencial es identificar a qué grupo cognitivo pertenece. Para ello puedes utilizar el cuadro de la página 69.

Sin embargo, hay dos maneras básicas de descubrir cuál es su estilo de aprendizaje. Una forma se basa en la observación de los movimientos oculares en el momento que están concentrados pensando o hablando. Cuando las personas crean imágenes mentales mueven los ojos hacia arriba a la derecha, y hacia la izquierda para recordarlas.

Los patrones de movimiento ocular revelan muchos aspectos de los estilos de pensamiento infantil. El observar y reconocerlos nos permitirá utilizar las palabras adecuadas para comunicarnos con ellos y que haya un buen entendimiento. Este ensamblaje entre el propio lenguaje y la forma en que ellos conciben el mundo incrementará la efectividad en nuestros intercambios de información y nos permitirá, a su vez, establecer un mejor vínculo afectivo.

De nuevo vamos a incidir en los tipos de niños, y de personas, según el aspecto cognitivo y sensorial que domine en su aprendizaje y forma de percibir el mundo.

- **El niño visual.** Un 45 por ciento de los niños tienen un estilo comunicativo fundamentalmente visual. Visualizan mentalmente las acciones, tienen una memoria fotográfica y suelen utilizar los siguientes tipos de frases en su lenguaje cotidiano: «¿Puedes *ver* cómo funciona?», «Estaba amarillo», «Intentó ver a su amigo»...
- **El niño auditivo.** Aproximadamente un 25 por ciento de las personas desarrollan especialmente su capacidad auditiva. Conectan más con la calidad de voz que con lo que se les está diciendo. Les encanta hablar por teléfono. Hablan consigo mismos y verbalizan de manera pausada y rítmica. Suelen meditar sobre las palabras y hay que darles tiempo, porque se abstraen haciéndolo. Es frecuen-

1. Según la clasificación de Rowshan en *Cómo contar cuentos.*

te oírles empleando alguna de las siguientes expresiones: «¿Suena bien?», «Déjame escuchar», «Intentó llamar a su amigo», «Oigo los latidos de tu corazón».

- **El niño intuitivo.** Alrededor de un 30 por ciento de los niños actúan por instinto y hacen caso de sus corazonadas de manera irreflexiva. Basan sus decisiones en función de lo que sienten y deciden rápidamente si una persona les gusta o no. Agradecen las demostraciones de afecto mucho más que los niños que pertenecen a los otros dos grupos y se sienten muy bien rodeados de sus amigos. Sus frases más habituales son: «Creo que todo va bien», «Esto me saca de quicio», «Intentó ponerse en contacto con su vecino».

Situaciones cotidianas

Es la hora de cenar en la familia de Carlitos. Él está sentado en su trona esperando la papilla. A sus dieciséis meses, es muy glotón y tiene mucha hambre. Su madre siempre le prepara la cena en un plato de postre con patitos. Hoy está sucio y le pone la comida en un plato grande.

Al ver el nuevo plato, Carlitos lo aparta, enfadado, y se pone a llorar desconsoladamente. María y Javier, sus padres, se miran atónitos. «¿Qué le pasa?», se preguntan. Lo primero que se les ocurre es pensar que está cansado y no quiere cenar, así que le retiran el plato, le quitan el babero y lo cogen para llevárselo a dormir.

La reacción del niño es desmesurada, su llanto se intensifica y repite insistentemente que no con la cabeza. Patalea, también, resistiéndose a salir de la trona. En ese momento entra su hermana, Laura, de ocho años, que pregunta: «¿Por qué le habéis puesto tan poca papilla, si él siempre se come un plato lleno hasta arriba?»

La madre responde: «Pero si es la misma cantidad que siempre, sólo que el plato es más grande y parece que...» Antes de acabar la frase, María ha entendido lo que le pasaba a su hijo. Mientras, Javier, que también se ha dado cuenta del motivo de la desesperación del niño, ya le está lavando su plato y a continuación le sirve la papilla en él.

Al ponerle la cena delante, en el plato de patitos, Carlitos suspira y coge la cuchara con satisfacción, dejando de llorar al instante. La sonrisa de felicidad que le llena la cara indica que su cabecita piensa: «Por fin *toda* mi comida.»

Esta situación aparentemente tan absurda sólo puede entenderse sabiendo que un niño de esta edad no basa sus percepciones en la lógica adulta, sino en las apariencias. Visualmente parece que el plato está vacío, porque es mucho más grande. Sin embargo, este detalle es irrelevante para él. Los efectos ópticos se convierten en realidades a los ojos de un niño de esa edad.

Ya gatea, pero todavía no anda... ¿Qué hacemos?

La etapa del gateo es un momento decisivo en el desarrollo del niño. Al contrario de lo que se suele pensar, el gateo es un entrenamiento necesario para la futura coordinación interhemisférica.

Al nacer se ponen en marcha varios complicados engranajes que han estado nueve meses preparándose para ponerse en funcionamiento justo en ese momento. El sistema cardiovascular, el respiratorio, el estómago... todo está a punto y, sin embargo, va madurando con el tiempo.

El cerebro empieza sin datos y va desarrollando progresivamente su funcionamiento. Sus funciones son demasiado complejas para no precisar un entrenamiento intensivo. La función visual, por ejemplo, necesita tres meses para ponerse en marcha y seis para ver en colores.

La coordinación visomotriz, por otra parte, se empieza a practicar en el momento del gateo. Es necesario que se coordinen manos, pies y ojos para controlar los movimientos y la dirección de éstos al gatear.

Objetivo

Convertir el suelo en un espacio donde poder hacer su «tabla» de entrenamiento y que aprenda todas sus posibilidades motrices. La croqueta —hacerlo rodar—, el arrastre —el niño se desplaza rozando el suelo con el cuerpo—, el gateo... todos los ejercicios que haga en el suelo sirven.

No podemos «obligar» a un niño a gatear, pero trataremos de incentivarlo, con mucha paciencia y cariño, y, sobre todo, dándole la oportunidad de desplazarse por el suelo.

Signos de alerta

Nos hemos de preocupar si:

— Tiene ya diez meses y todavía no ha empezado a gatear.
— No hay que forzarle a andar, aunque él solo se ponga de pie.
— Si tiene dieciocho meses y todavía no ha dado su primer paso.
— Parece que su cuerpo le pesa.
— Tiene pocos reflejos.
— Es patoso y tiene poca movilidad.
— Le cuesta hacer la pinza; es decir, coger objetos pequeños con dos dedos.

Al niño hay que darle la oportunidad de que desarrolle todas sus habilidades motrices, teniendo espacio y sin miedo a que ejercite todas sus posibilidades.

Juega con él en el suelo y déjalo boca abajo para que explore nuevos horizontes. Los niños de hoy están poco acostumbrados a estar en esta posición y a menudo lloran por el esfuerzo que les supone aguantar la cabeza e intentar gatear.

No le «ayudes» a que sea un gandul; por el contrario, motívalo para que tenga ganas de moverse. Ponle juguetes cerca que pueda coger y anímalo con tu sonrisa. También le puedes preparar un circuito de obstáculos con cojines y almohadones que tenga que sortear.

El gateo

Entre los seis y ocho meses aproximadamente, el niño comienza a gatear y se mete debajo de las mesas o armarios, y aprende que las cosas son diferentes según las mire desde arriba o desde abajo. Está aprendiendo con su cuerpo el significado de «debajo», «encima», «dentro», «fuera», «arriba», «abajo», y la diferencia entre los objetos y el espacio vacío.

Estos conceptos espaciales se construyen a partir de la experiencia sensorial y motriz que realiza con su propio cuerpo. Mucho antes de que el niño comprenda los términos «derecha» o «izquierda» tendrá muchas experiencias de lateralidad y de direcciones opuestas, a las que le pondrá una etiqueta verbal en cuanto aprenda a hablar. Si no tiene estas vivencias, es imposible que luego asigne la correspondiente etiqueta, que quedará vacía.

El bebé descubre el mundo mediante el cuerpo, no se limita a almacenar conocimientos o recibir estímulos del medio, sino que construye mediante sus acciones un conocimiento de los objetos y el mundo que le rodean.

Aprende que algunas cosas saltan, otras ruedan y otras incluso se rompen, son duras o blandas, etc. De este modo va abriendo carpetas en el software de su cerebro y las llena de contenido, a la espera de ponerles la etiqueta que les corresponde.

Si acaba conociendo muchas etiquetas verbales pero no tiene los contenidos, las carpetas se quedan vacías y no sirven para nada. Así que resulta evidente que cuanta mayor experiencia acumule el bebé, tantas más oportunidades tendrá de asimilar y construir conocimientos nuevos. Por esta razón hay que dejarlo explorar, teniendo la casa preparada para sus «investigaciones».

El niño debe tener espacio para gatear y libertad de movimientos, por lo que hay que retirar los objetos peligrosos de su camino; así no nos pasaremos el día diciéndole: «Eso no se toca», «Cuidado, no lo vayas a tirar», etcétera.

Es el momento de guardar en el trastero, hasta nuevo aviso, los objetos delicados de decoración, libros, lámparas, figuritas, objetos de vidrio, objetos punzantes... y reservarnos el no, para cosas realmente importantes. No es fácil preparar la casa para un niño que ya gatea o se arrastra; sin embargo, hay que hacerlo no sólo «por su bien», sino para facilitar e impulsar su desarrollo.

Una de las cosas que más les gusta hacer y que más trabajo nos da a los adultos es abrir los cajones que tiene a su alcance y vaciarlos una y otra vez. Por lo que no está de más llenar esos cajones con objetos irrompibles, trapos, papeles, juguetes, envases vacíos... para que el bebé pueda abrir e investigar su contenido. De este modo le estaremos ofreciendo un juego fantástico y muy educativo.

A esta edad, el bebé no sólo va adquiriendo una mayor movilidad, sino que su destreza manual va en aumento. Está aprendiendo a utilizar sus manos con mayor habilidad para tocar, dar la vuelta a algo, sacudir, golpear y tirar. Hasta los cinco meses necesita ambas manos para coger un objeto y cuando quiere otro deja el que tiene; sin embargo, a partir de los seis meses, se puede pasar las cosas de una mano a otra sin problemas.

Alrededor de los siete meses, además, descubre el sonido que hace el papel al manipularlo, le gusta arrugar papeles y romperlos o estrujarlos. En este momento descubre la relación causa-efecto; sabe que el ruido lo hace el papel y cómo se consigue realizar ese sonido.

Soluciones prácticas

Ahora veamos un caso concreto. Carlota está en el parque y su padre le cuelga un peluche en la barandilla a la altura de las manos. Ella inmediatamente lo golpea para ver cómo se balancea. Repite este gesto una y otra vez con alegría, aunque a veces falla. Su padre piensa: «Ya la tengo entretenida un buen rato.» Para Carlota, sin embargo, es algo más que un simple entretenimiento.

Cuando levanta las manos para sacudir el peluche, Carlota no ve sus manos y sin embargo acierta. La niña ha llegado a una edad en que el dominio de sus extremidades es mucho más preciso y no necesita el control visual. Establece un control táctil y de previsión; ya está muy entrenada y sabe lo que va a ocurrir mentalmente. Éste es un paso cualitativo de suma importancia en su desarrollo mental.

Otro proceso importante en esta etapa es la «búsqueda de objetos desaparecidos», como lo llama el eminente psicólogo suizo J. Piaget, que estudió en profundidad la evolución mental del niño. Sabemos que todo lo que desaparece de la vista del bebé deja de existir para él; sin embargo, les sorprende e intriga dónde puede estar.

A partir de este momento, podemos realizar juegos como los que hace Pablo con su hijo Javi. Pablo lo sienta en sus rodillas y le enseña un juguete de vivos colores para llamar su atención. Acto seguido lo va girando poco a poco para que Javi siga su trayectoria con la mirada, hasta que desaparezca de su vista, oculto tras la cabeza de Pablo.

Aprovechándonos de la curiosidad del niño por saber dónde está el objeto que ha perdido de vista, y sin tardar mucho, lo hacemos aparecer por el otro lado, sorprendiendo al niño, como hace Pablo con su hijo Javi.

Lo que pretendemos con este juego es que Javi —o nuestro hijo— aprenda a esperar, tras varias repeticiones, que el objeto salga por el otro lado y, poco a poco, vaya anticipándose a su aparición.

A esa edad, el niño todavía es muy pequeño para que entienda que el juguete u objeto no aparece y desaparece sin más; sin embargo, lo estamos preparando mentalmente para que, llegado el momento, lo descubra por sí mismo.

Es importante saber que los mecanismos cognitivos que se descubren nunca se olvidan, pero los que se memorizan sí. Por eso nuestro objetivo es proporcionarle al niño la posibilidad de que descubra por sí mismo cómo funcionan las cosas.

Sin duda, lo más relevante de este período es el gateo. A menudo te encuentras con familias que alardean de que su hijo empezó a andar directamente sin gatear, como si saltarse una etapa fuera un gran logro. A veces parece que no se le da importancia al gateo y, sin embargo, este hecho es crucial para el desarrollo del niño.

Gatear supone un entrenamiento fantástico para que los dos lados del cerebro, el derecho y el izquierdo, que hasta ahora funcionaban por separado, empiecen a colaborar entre sí y trabajen juntos para conseguir nuevos movimientos o habilidades.

Por otra parte, habéis de tener en cuenta que los niños no aprenden a gatear solos. Algunos padres, sin embargo, hacen comentarios del tipo: «A nuestro hijo no le gusta gatear... Así que no le vamos a forzar.» Claro, si el pequeño nunca está en el suelo, es imposible que tenga interés y se esfuerce por aprender.

Todos los aprendizajes que se producen a lo largo de la infancia... son eso, aprendizajes; es decir que los niños no nacen sabiendo comer, dormir, a hacer pipí, gatear, andar, hablar. Los niños han de aprender, lo que significa que les hemos de enseñar.

Los niños no aprenden solos. Sí, es cierto que hay pequeños que parece que lo hagan. Pero no nos engañemos, de una u otra manera les enseñamos, y les ayudamos a aprender. Y, cuidado, los niños no suelen aprender lo que voluntariamente les queremos enseñar, sino lo que inconscientemente les transmitimos.

Pensemos en Ignacio, un padre muy trabajador, que llegaba a casa cansado y sin ganas de jugar con su hijo. Cuando el pequeño Pablito lo recibía con ganas de jugar con él, el padre le respondía invariablemente: «No, estoy cansado; hoy he trabajado mucho; déjame ver un rato la tele y luego... ya veremos.» Así que el pobre Pablito se pasaba los días esperando, pero luego siempre se hacía tarde. Y así un día y otro.

Hoy Pablito —ahora Pablo— tiene 20 años y no quiere oír hablar de trabajo. Su padre no lo entiende. «No sigue mi ejemplo. Yo me he pasado la vida trabajando», dice. Y es verdad, pero el mensaje que le trasmitía a su hijo es que por culpa del trabajo no podía disfrutar de su padre. O sea que trabajar el malo. Así funciona la lógica infantil.

Situaciones cotidianas

La siguiente es mi experiencia personal. Mis dos hijos fueron muy diferentes en su actitud frente al gateo. Natalia, la mayor, empezó de manera muy precoz, alrededor de los seis meses. Era una niña muy activa, con mucha iniciativa, y el problema era frenarla. Trepaba por las vallas del parque, se tiraba de la trona... En fin, era lo que se dice «un terremoto».

Por el contrario, a Fede, el pequeño, hubo que motivarlo; era más tranquilo y no parecía tener ninguna intención de esforzarse y gatear. Me pasé horas en la alfombra con diferentes juegos llamativos, esperando que se decidiera a moverse y arrastrarse para cogerlos. Le ayudaba, también, poniéndole las manos en las plantas de los pies para que se diera impulso.

Después de mucho practicar, por fin empezó a gatear. No fue fácil; tenía los ocho meses cumplidos. Sin embargo, aún tuvo tiempo de entrenarse y hacer circuitos de psicomotricidad, antes de empezar a andar a los trece meses.

Creo que le fue muy bien. Fede es zurdo declarado desde que cumplió su primer año y se comió la primera hamburguesa. Quería hacerlo él solo con su tenedor infantil y siempre lo hacía con la izquierda. Seguramente sin toda esta práctica hubiera tenido problemas de lateralidad. Ahora tiene 10 años y es muy hábil para las coordinaciones que precisan de la colaboración entre ambos hemisferios cerebrales.

Ésta es una experiencia personal que me permitió comprobar muchas de las teorías con las que trabajamos a diario con otros niños.

Realmente no es fácil y necesita dedicación; sin embargo, si tienes claro tu objetivo, se consigue con mucha satisfacción.

¿Por qué es tan importante que gatee?

- Prescindir absolutamente del gateo, haciendo un símil matemático, sería como si un niño quisiera aprender a dividir sin saber multiplicar.
- El gateo es una etapa básica del desarrollo del niño porque mediante él se asientan los cimientos del «edificio mental» que se está construyendo.
- Así que si tenemos claro que el pensamiento del niño nace de sus experiencias sensoriales y de movimiento (motrices), entenderemos que el ejercicio que le proporciona andar a cuatro patas es básico para que adquiera las nociones de espacio y tiempo.

Mira quién habla

Las primeras palabras de nuestro hijo nos ayudan a establecer una nueva forma —más fácil también— de comunicarnos con él. Suele ser un momento muy esperado para la mayoría de padres y madres. «¿Cuál será su primera palabra?», se preguntan los padres, ansiosos. Las expectativas de muchos, sin embargo, se frustran cuando, en lugar del esperado «Papá», el niño suelta «Gol» o, en vez de «Mamá», dice «Pan».

El mundo infantil —y el nuestro como padres— cambia considerablemente con la aparición del lenguaje a partir de los dos años. El desarrollo del niño y del mono, por cierto, van paralelos hasta ese momento, cuando aparece el lenguaje humano. A partir de ahora, el niño ya es capaz de construir mentalmente imágenes y asociarlas a un sonido independiente de su representación real. Nos hallamos, pues, en el estadio de la lógica de acción.

El despegue intelectual que se observa a partir de los dos años es espectacular y se debe básicamente a la aparición del lenguaje verbal. La incorporación del habla al universo infantil le abre nuevos horizontes. Es una potente herramienta que le posibilita cambiar las coordenadas en las que hasta ahora se asentaban las bases de su pensamiento.

Esta nueva habilidad, junto a la destreza que el niño va alcanzando poco a poco en el área motriz —la pinza, movimientos de mayor precisión...— posibilitan este salto cualitativo en su desarrollo intelectual. La pinza, por cierto, es el movimiento de oposición del pulgar con el índice, que nos permite coger con precisión objetos muy pequeños, como monedas, botones, pasar las páginas de una revista, coger el lápiz, etcétera.

Por otra parte, la estructuración gramatical del lenguaje refleja el grado de evolución intelectual; es decir, cuanto más estructurado está el pensamiento más lo está el lenguaje. Lo que viene a significar que si un niño habla muy bien, es que piensa muy bien.

Lo mismo sucede con los pueblos o culturas. Si una cultura tiene un nivel de lenguaje elevado es porque sus capacidades cognitivas también lo son y al contrario. Por ejemplo, el número de categorías etiquetadas verbalmente —es decir, palabras o nombres— de que dispone una cultura para denominar los colores nos indica el grado de elaboración mental de dicha cultura.

Ya hemos comentado anteriormente que el orden y la clasificación es una de las habilidades mentales más importantes. Así que si en una tribu primitiva disponen de cuatro palabras para denominar los cuatro colores básicos y en otra tienen un abanico que alcanza las 500 eso nos habla de un sistema de contemplar la realidad muy elemental o muy elaborado, respectivamente.

De igual forma, si escuchamos hablar a dos niños de colores y uno sólo distingue los cinco colores primarios mientras que el otro describe con exactitud todo el arco iris, esa diferencia nos informa del grado evolutivo del desarrollo mental de ambos niños.

Objetivo

Alrededor del año, el niño ha de decir sus primeras palabras y, con dos añitos, ya ha de ser capaz de formular alguna frase completa, del tipo «Mamá, vamos a calle», «Toma esto», «Papá, ven», etcétera.

Signos de alerta

Debes preocuparte si alrededor de los dos años:

- No ha balbuceado.
- Todavía no dice ninguna palabra.
- Se come consonantes.
- Confunde letras.
- Sólo sabe señalar.

Soluciones prácticas

Estamos en la etapa de la imitación, y a hablar se aprende imitando sonidos, así que vamos a cantar, a hablar y a escuchar música. No olvidemos, además, que el habla tiene un motivo comunicativo. Se habla para que te escuchen y te entiendan. Es importante fomentar esa función.

No te angusties si es el primogénito y tarda más en hablar, es normal que al primer hijo/a le cueste un poco más. Así que si tienes varios hijos, mejor no los compares.

Situaciones cotidianas

Vamos a comentar el caso de una niña afectada de mutismo selectivo, Giovanna, de veinte meses. Esta niña empezó a hablar muy pronto y no callaba en casa. Lo extraño era que en el parvulario no decía ni media palabra. Un día, la profesora se lo comentó a la madre y se dieron cuenta de que la niña se comportaba de forma selectiva.

La niña estaba muy cómoda en esta posición, porque, al no hablar, se lo hacían todo y conseguía llamar la atención de todo el personal del centro, especialmente de su maestra, que, desde que se enteró de que Giovanna sabía hablar, no dejaba de insistirle.

La estrategia se basó en sacarla de ese estadio de comodidad donde estaba instalada. Proporcionarle un estímulo para hacerla saltar. El cambio fue pedirle a la maestra que cambiara su actitud hacia la pequeña y hablara de ella con total indiferencia.

La idea, además, era que cometiera algún error, sin dar lugar a una posible corrección, para forzar su reacción. Así que la profesora le decía, por ejemplo: «Giovanna, qué bonita camisa blanca.» Sin embargo, la camisa era rosa. Mientras, la maestra se alejaba de ella sin apenas dirigirle la mirada.

La actitud de indiferencia de la profesora enfurecía a la niña, que estaba acostumbrada a que todo el mundo le fuera detrás y a ser ella el centro de atención. Día tras día se iba acumulando una gran frustración por los continuos errores de los que era objeto. Hasta que, finalmente, ya no pudo más y estalló: «¡No, hoy no llevo coletas!» Y ahí se acabó el mutismo. Salieron a relucir todos los errores, por cierto, de la señorita que no se fijaba en ella.

Pataletas y berrinches. La pequeña adolescencia

La crisis de la que hablamos se produce alrededor de los dos años y se trata fundamentalmente del paso de bebé a niño mayor, un «bache» que hay que superar para hacerse independiente. Hasta este momento, el niño ha necesitado de los cuidados maternos y paternos para subsistir, pero a partir de ahora alcanzará su primera situación de autonomía.

A esta edad, ya es capaz de desplazarse solo, camina, salta y da volteretas sin problemas, incluso ha empezado a ir en triciclo. Come de todo y sin ayuda, y controla sus esfínteres. Sabe jugar solo y está aprendiendo a vestirse.

Ahora, su frase favorita es: «Yo solo.» A esta edad, los niños suelen rechazar la ayuda de los mayores para demostrar hasta dónde pueden llegar. Quieren que se les reconozca como una entidad individual.

Esta afirmación de independencia va acompañada de la afirmación de su personalidad en sus gustos, tanto a nivel alimentario como de juegos, colores o ropa. Además, pronto va a empezar a ir al colegio, dejará la guardería para enfrentarse a aprendizajes más serios. También descubre el sentimiento de posesión —todo es suyo—, y aprende a hablar.

Todos estos cambios representan una revolución en su vida, que coincide con su segundo cumpleaños. Para demostrar su «independencia» y defender sus intereses es muy capaz de montar pataletas y berrinches. Éstos son los síntomas más evidentes de esta crisis/revolución, que se ha denominado pequeña adolescencia, porque se parece mucho a las reivindicaciones de los chicos de 14 o 15 años para demostrar que ya no son unos niños, sino adultos por derecho propio.

Ambos son dos momentos críticos en la vida de nuestro hijo/a y, por lo tanto, precisan de toda nuestra comprensión y ayuda. Es importante darse cuenta de que, normalmente, todos los nuevos comportamientos que nos desagradan —berrinches, pataletas, negarse en redondo a algo...— no los hacen para fastidiarnos, sino para reivindicar.

Como auténticos adolescentes, quieren que se respete su espacio, quiere ir a dormir más tarde, no se quiere poner el jersey rojo que tanto le gustaba (a él y a ti). Es un gran cambio que afecta a todas las áreas, pero hay algunas que dificultan más la armonía familiar, como el sueño, la alimentación y la ropa.

A los padres nos parece increíble que un mocoso/a de dos años nos pueda plantar cara porque ahora quiera el jersey azul en lugar del rojo o nos aparte el plato de la mesa y se niegue rotundamente a comer algo que hace tres meses devoraba sin problemas.

Y lo peor pueden ser las noches. Sin venir a cuento empieza a haber dificultades para irse a la cama a la hora habitual, tienen pesadillas y se vuelven trasnochadores, como un adolescente más.

Objetivo: cómo afrontar las primeras pataletas

Durante la etapa de rebeldía que precede a los tres años tenemos que sufrir frecuentes pataletas o berrinches por parte de nuestro hijo, y nuestra primera impresión es de sorpresa: «¡Nunca se había comportado así antes!»

Esto no quiere decir que el niño sea un malcriado o que lo estemos educando mal. Es normal que sobre los dos años los niños planteen situaciones conflictivas porque es su modo de conocerse y poner a prueba el mundo que les rodea en el camino hacia su primera independencia.

Al enfrentarse a esta situación lo primero que hay que tener en cuenta es que los niños son unos grandes imitadores. Si para conseguir que hagan algo o se porten bien, actuamos con ellos gritando, con amenazas y agresividad, nuestros hijos nos lo devolverán con creces. Si queremos que respondan bien, nos interesa no perder los nervios con ellos.

Son momentos en que muchos padres piensan: «Pero si no le dejamos pasar una... ¿Cómo es que cada vez se porta peor?» Puede que eso sea cierto, pero habéis de tener en cuenta que la represión y la humillación sólo consiguen generar rabia en el niño, y no ganas de hacerlo bien la próxima vez.

Entre el segundo y el tercer año de su vida, los críos son unos pequeños gamberretes dispuestos a todo para sacarnos de nuestras casillas. Y, puesto que hemos de regañarles, mejor hacerlo con gracia. Mantener la calma y utilizar el sentido común serán nuestras mejores armas.

Signos de alerta

La situación se nos está escapando de las manos cuando:

— Nos monta rabietas habitualmente y se tira al suelo a la mínima y en cualquier lugar.
— Nos asusta ir con él a según qué sitios por temor al «espectáculo» que nos pueda montar.
— Utilizamos el miedo para atajar conductas no deseadas. Las amenazas funcionan a corto plazo, pero, a la larga, desarrollan en el niño un instinto temeroso que le impedirá crecer en libertad.

Soluciones prácticas

La clave de la solución a las pataletas y berrinches está en vuestra actitud. Si siempre reaccionáis en el mismo orden, con la misma calma, paciencia e indiferencia, estéis donde estéis, las pataletas irán desapareciendo gradualmente.

Es fundamental evitar que el niño consiga el propósito del berrinche, porque si para que se calle, le compramos o accedemos a lo que nos pide, aprenderá que para conseguir lo que desea ha de montar un número.

Debéis recordar que las constantes provocaciones del niño no implican mala intención ni premeditación por parte de él. Sólo nos pone a prueba para saber hasta dónde puede llegar o, más bien, hasta dónde le *dejamos* llegar. Por eso el establecimiento de unas normas de conducta es fundamental para el desarrollo del niño y su posterior integración en la sociedad adulta.

Hay que tener en cuenta también que a esa edad su sistema de comunicación es muy diferente del nuestro. Nosotros hablamos y hablamos, pero de nuestros sermones los niños sólo entienden los gestos que acompañan nuestras palabras. La mímica, por tanto, ha de ser nuestra principal herramienta de comunicación.

¿Cómo actuar ante una pataleta?

- Coger al niño y apartarlo del sitio donde está montando el escándalo.
- Elegir un lugar neutro (pasillo, recibidor...) para que lo identifique como «zona de calma».
- Dejar al niño/a solo/a en la zona elegida no más de 5 minutos. Pasados éstos, nos acercamos y le decimos: «Ya sabemos que lo has hecho sin querer, pero te has equivocado y los papás, que te quieren mucho, te han de enseñar a portarte bien. Cuando te calmes, saldrás y hablaremos.»
- Cuando la intensidad del llanto disminuya, entramos y le ayudamos a pedir perdón: «Venga, cariño, no lo volverás a hacer, ¿verdad?» En este caso, vosotros le decís las palabras y el niño hace el gesto.

Situaciones cotidianas

Imma nos comenta sus sentimientos maternos: «Cuando estaba embarazada me fijaba mucho en cómo otros padres educaban a sus hijos. Me resultaba muy fácil criticarlos y, cómo no, pensar aquello de "Eso yo no lo permitiría". Ahora mi niña tiene catorce meses y me doy cuenta de lo difícil que resulta educarla bien. Siempre que estoy con ella me paso el rato regañándola: "Eso no se toca", "Eso no se hace", "Estáte quieta", como si pretendiera que mi hija fuese un pequeño robot teledirigido que pudiera controlar con un mando a distancia.»

Imma se hace muchas preguntas: cuándo hay que reñirla, cuándo es mejor disimular y pretender que no la has visto... Sus inquietudes y sus dudas son compartidas por la mayoría de padres. Las soluciones pasan por lo que hemos explicado anteriormente.

En primer lugar conviene hacer una lista de prioridades y consensuarlas con el padre. Después hay que establecer, siguiendo las pautas explicadas, los motivos por los cuales vamos a actuar y los que vamos a ignorar.

Os sorprenderá su reacción. Cuando se ponen las cosas en orden y se sabe lo que hay que hacer, nuestra actitud cambia. Ésa es la clave del éxito educativo.

Cómo establecer límites (evitando las riñas)

Podría decirse que los niños son arcilla que hay que moldear, y que nuestros criterios y normas son la paleta que nos ayudará a darle forma.

A menudo, el exceso de reglas y prohibiciones puede desalentar al niño y hacer que no acepte ninguna. Es más, si abusamos del no, no conseguimos que aprenda qué quiere decir. De esta manera, el niño nos tantea, nos provoca... y nos encontramos jugando al ratón y al gato.

Si, por el contrario, la permisividad es excesiva, la ausencia de límites no permite al niño saber cuál es el camino a seguir. Por otra parte, a estas edades hay que permitirles explorar su entorno sin que corran peligro y evitando decirle mil veces al día «¡¡¡Noooo!!!».

Sin embargo, encontrar la solución no es tan difícil. Se trata de establecer una lista de prioridades entre ambos padres, conociendo las trastadas típicas del niño o niña. Los dos, padre y madre, se han de poner de acuerdo respecto a castigar al niño en determinadas situaciones, cuando se pone a saltar desenfrenadamente encima del sofá, cuando empieza a decirle «tonto» a todo el mundo, etcétera.

Es mejor, también, anticiparse a los acontecimientos y prevenir las conductas conflictivas en lugar de interrumpirlas. Los niños no tienen incorporado el chip de la obediencia y lo han de aprender. Así que pónselo fácil: Evita situaciones en las que ya sabes de antemano que el niño no va a acatar tus órdenes a la primera.

¿Premiar o castigar? Alternativas eficaces al cachete

En nuestra búsqueda de alternativas eficaces a los temidos castigos encontramos un lema (similar a la máxima de los médicos) que quisiera resaltar: «Sobre todo, no perjudicar.»

En este sentido, los padres han de tener presente que en el proceso de imponer disciplina a los hijos bajo ningún concepto se debe perjudicar su bienestar emocional.

Objetivo

— Marcar unas normas de comportamiento que sirvan para mantener una convivencia familiar adecuada.
— Buscar la auténtica disciplina, la que se basa en la fuerza de la sabiduría y la observación, en lugar de las amenazas y castigos para modificar la conducta del niño.

Signos de alerta

Ante todo debemos saber cuál es el motivo que tenemos para intentar modificar la conducta del niño, por qué pensamos que es «un árbol torcido que hay que enderezar». En cualquier caso, nos hemos de preocupar cuando:

— No conseguimos ningún efecto con nuestros sermones.
— Repetimos una y mil veces la misma consigna sin ningún resultado: «Pablo, a la ducha», «María, haz los deberes», etcétera.
— Acabamos chillando o histéricos... y el niño o la niña llorando.
— Papá y mamá discutimos entre nosotros porque no nos ponemos de acuerdo.

Soluciones prácticas

La buena disciplina ha de evitar cualquier actitud, comportamiento o situación que genere rabia e incomprensión. Ésta debe fomentar, por el contrario, la autoconfianza y el respeto por uno mismo y los demás.

En general, cuando los padres castigan a sus hijos severamente, éstos se enfurecen y no escuchan ni atienden a razones. Están sofocados de rabia y absortos en rencores, así que no pueden escuchar ni concentrarse.

1.° Hay que ayudarles a *frenar* su comportamiento incorrecto o equivocado, enviándoles a un lugar «neutral» de la casa (recibidor, pasillo, etc.) y aislándoles de donde estaban llamando la atención. Más tarde, llevarles al lavabo y lavarles la cara con agua fría para que se relajen.

2.° Cuando ya están tranquilos, hablar con ellos y darles las pautas de lo que esperáis que hagan en una próxima ocasión.

Éste es el caso de Sergio, un niño de cinco años con una actitud muy provocadora en clase. Un día, al contestarle mal a su profesora e insultarle, ésta optó por llevarle al despacho de la directora y dejarlo un rato solo, sin dirigirle la palabra. Por la tarde, cuando Sergio estaba tranquilo, se le comunicó que, como castigo, no iría al teatro con el resto de la clase al día siguiente. Sergio reaccionó muy bien, y lo entendió al estar más tranquilo.

Situaciones cotidianas

La profesora Elena empezó con mal pie su primer día en la escuela del barrio. Estaba tan nerviosa que tropezó cuando se dirigía con paso enérgico a su mesa. Toda la clase estalló en una fuerte carcajada; sin embargo, eso no consiguió tambalear su seguridad.

Se levantó lentamente y mirándolos fijamente dijo: «Ésta es mi primera lección: los que se caen se levantan.» Se hizo un gran silencio. Los niños entendieron que la profesora no les tenía miedo.

Otro caso, bien diferente, es el de Mario, que fue castigado y humillado por su padre y que se aisló por unas horas en un mundo imaginario, en el que unos leones se comían a su padre.

Sin embargo, a algunos padres el miedo o la necesidad de sentirnos queridos por nuestros hijos y el sentimiento de culpa por no dedicarles más horas, hace que a menudo seamos débiles frente a sus chantajes emocionales.

Begoña, una madre que trabaja fuera de casa, solía dejar a su pequeño Toni con una canguro. Pronto empezó a sentirse celosilla de la alegría con que el niño recibía a ésta. Cuando la canguro llegaba a casa, Toni apenas le hacía caso, y Begoña comenzó a temer que no la quisiera.

Así que cuando el niño le hacía alguna trastada, ella apenas le reñía, le compraba todo lo que le pedía y Toni empezó a comportarse como un pequeño tirano. Begoña estaba muy afectada con esta situación, pero su pareja no le daba la menor importancia. Begoña se sentía abatida.

Lo primero que tuvo que entender Begoña es que los niños aprenden que el cariño es una moneda de cambio y la utilizan a su antojo. En este juego, el pequeño Toni se aprovechaba del sentimiento de culpa que tenía ella por tener que dejarlo y no poder estar más tiempo con él.

Cuando empezó a recuperar su autoestima y se dio cuenta de que un hijo nunca quiere más a su canguro que a su propia madre, fue capaz de mostrarse segura con él. Y el comportamiento del niño cambió radicalmente al darse cuenta de que ya no era vulnerable a sus chantajes.

Hábitos básicos. ¡A recoger!

«Vamos a recoger» es una actividad lúdica que nos permitirá trabajar varios aspectos. Por una parte, a esta edad, los niños no saben que recoger es un «rollo», una obligación y que no suele gustarle a nadie. Si en este momento se lo enseñamos como un juego, para ellos será un juego, y nada más, y se lo pasarán en grande. Además, sin dejar de ser un juego para el niño, estamos empezando a establecer hábitos de responsabilidad hacia él.

Objetivo

Ayudar con una actividad lúdica a que aprenda a clasificar y ordenar sus juguetes según diferentes criterios.

Soluciones prácticas

Nuestro cometido será que ordene siguiendo unos criterios todos los juguetes con los que ha estado jugando toda la tarde. Hemos de disponer de cajas grandes de colores para cada tipo de juego: las muñecas en la caja roja, los coches en la azul, los puzzles en la amarilla, las pelotas en la verde, etcétera.

De momento sólo podemos utilizar un criterio cada vez, pero iremos aumentando la dificultad a medida que el niño se vaya desarrollando. Hasta los cinco años no podrá guardar las cosas siguiendo dos características a la vez, pelotas grandes y azules, pelotas pequeñas y amarillas. Para la mentalidad de un niño de tres años si son pequeñas no pueden ser a la vez amarillas. Le cuesta comprender que pueden pertenecer a dos grupos a la vez. Así que es mejor que vayamos despacito y sin agobios... Todo llegará.

Situaciones cotidianas

Con este juego, el cerebro de nuestro hijo aprende a «abrir carpetas» y guardar lo que aprende de forma ordenada (como lo haríamos en un ordenador), lo que le ayuda a recordar y a trabajar la memoria muy fácilmente.

Segunda parte

3-6 años: Etapa de entrenamiento

Los primeros problemas

Estamos en el momento de disfrutar de nuestro pequeño. Ahora ya nos podemos entender con él con facilidad, pero se deja impresionar por todo lo que le explicamos. Tiene una curiosidad asombrosa, todo le interesa y lo quiere saber todo; se pasa el día preguntando.

El niño, por cierto, cumple todas nuestras expectativas; es muy agradecido. Es una etapa muy bonita en la que los padres disfrutan enseñando a su hijo muchas cosas.

Según Piaget, a esta edad los niños entran en la etapa de las operaciones concretas. A nivel intelectual sólo existe lo que pueden tocar, desmontar y descubrir. En eso consisten muchas de sus actividades preferidas.

En lo que respecta a la vida de familia, es el momento de abandonar los cochecitos, los pañales y demás artilugios que complicaban tanto la vida. El niño o la niña ya anda a tu lado cogido/a de la mano y no se escapa.

Ésta también es la etapa del paso de la guardería al colegio. El cambio es notable; en la guardería juegan y cantan, hay poca disciplina y el ambiente es muy relajado, pueden saltarse «clases», incluso, si tienen algún día mimoso y los padres pueden permitírselo.

Hay mucho que hacer por nuestra parte, porque pasará muchas horas —que serán años, quizás— en el colegio que elijamos para él o ella. Así que no hay nada que dejar al azar. Es importante preparar al niño durante el verano para que no le coja desprevenido y visitar tantas escuelas como sea necesario hasta encontrar la más adecuada para el niño o la niña.

¡Pañales fuera!

Ya que el niño se nos está haciendo «independiente», vamos a aprovechar este momento para quitarle el pañal. Os ofrecemos a continuación unas pautas básicas para eliminar el pañal por primera vez y en siete días.

Antes de decidir quitarle el pañal se ha de comprobar que el niño ya identifica y nos avisa cuándo tiene pipí, sabe dónde hacerlo y está familiarizado con el orinal o el adaptador. También le gusta corretear por casa con el culito al aire; se siente más libre.

- **Lunes.** Se avisa al niño y se le recuerda que nos llame cuando tenga pis. Hay que enseñarle que el pañal ahora se va a usar sólo para dormir, durante la siesta y de noche.
- **Martes.** Estaremos al tanto y, más o menos cada hora y media, lo llevaremos a hacer pipí. Es importante que vaya por casa sin pañal, con ropa cómoda y fácil de cambiar en caso de escape.
- **Miércoles.** Jugamos a cortar el pipí, ahora sale, ahora no... ¿Quién manda? Tú, eres el capitán.
- **Jueves.** Ahora ya le dejamos decidir a él o ella cuándo tiene pipí y lo acompañamos corriendo al orinal. Cuando lo consiga, además de felicitarle, engancharemos una pegatina en el calendario para visualizar sus progresos. Si se lo hace encima, no se lo tendremos en cuenta. Es un accidente, ¡hay que avisar!
- **Viernes.** Para reforzar el aprendizaje, el papá o la mamá han de ir al lavabo con él; todos hacemos pis. Eso le hace sentirse integrado.
- **Sábado.** A estas alturas, el niño/a ya debe controlar casi todas las veces el pipí. Se le puede ayudar un poquito, controlándole la die-

ta —¡nada de sopas por una temporada!— y, sobre todo, evitando que beba dos vasos de agua o de leche antes de irse a la cama.

- **Domingo.** Si ya lo ha conseguido, le haremos miembro del club de los mayores para que se sienta orgulloso/a de sus progresos. A continuación retiraremos el pañal de la siesta y, a los quince días aproximadamente y de la misma forma, lo haremos con el pañal nocturno.

Es muy importante que entre la retirada del pañal diurno y el nocturno no trascurran más de 15 días, porque si no se hace así, se corre el riesgo de que no se complete adecuadamente el aprendizaje.

Ten en cuenta que el mecanismo fisiológico de control de esfínteres es el mismo de día que de noche y conviene que lo aprenda a la vez. Como ya hemos resaltado, entre ambos procesos —quitarle el pañal de día y quitarle el de la noche— no deben mediar más de quince días.

Si se le sigue poniendo el pañal por la noche, el niño desconecta y no encadena ambos aprendizajes. El pensamiento del pequeño sigue la siguiente lógica: «Si hay pañal no tengo que preocuparme de controlar si se me escapa o no.»

A la vez, por parte de los padres le estamos mandando dos mensajes contrapuestos: de día, pañal no; de noche, sí. Lo que puede ocasionar un trastorno de enuresis por hábitos incorrectos, como veremos más adelante cuando hablemos de regresiones.

Así que ¡manos a la obra! No es tan difícil; hay que perderle miedo a que mojen un par de días las sábanas. En la época de nuestras abuelas, los niños se las apañaban para abandonar los pañales entre los doce y los dieciocho meses, sin más tardanza. Y es que en aquella época se lavaban a mano. Ahora, sin embargo, gracias a la comodidad de los pañales desechables hemos alargado este proceso casi un año.

Los seis errores más comunes a la hora de quitarle el pañal

- El pañal se quita definitivamente todo el día; es decir de día y de noche.
- Una vez retirado, no se vuelve a poner.
- Evitad levantar al niño de madrugada para que haga pipí.
- El niño ha de ir sin pañal para que aprenda que éste no forma parte de su esquema corporal. Se ha de mojar, se le ha de escapar el pipí... para que pueda aprender a controlarlo.
- Si no se le enseña, nunca nos encontraremos con los pañales secos de forma continuada.
- Hay que familiarizarlo con el orinal, en casa, y no pretender que se lo enseñen todo en la guardería.

Papitis y mamitis. Los complejos de Electra y Edipo

Alrededor de los cinco años se suele producir un «enamoramiento» del progenitor del sexo contrario. Sigmund Freud, el padre del psicoanálisis, lo bautizó como complejo de Edipo y complejo de Electra, respectivamente, según se trate de un niño o una niña quien lo experimenta.

Tomando el mito griego de Edipo rey, quien, sin saberlo, mató a su padre y se casó con su madre, Freud elaboró una compleja teoría psicológica con fuertes connotaciones sexuales, que fue revolucionaria en su tiempo, a principios del siglo XX.

En nuestros días, muchos de los aspectos que Freud describe han quedado obsoletos. Sin embargo, al contrario de la represión de la época victoriana, ahora vivimos un exceso de tolerancia que también puede ser perjudicial para el desarrollo psicológico del niño.

La prensa y los telediarios difunden noticias que nos ayudan a ver cómo la sociedad ha perdido su rumbo educativo. No se trata de prohibir nada, pero tampoco de dejar al niño hacer a su antojo.

Actualmente hay madres que amamantan a voluntad a hijos de ocho años, cosa absolutamente insólita, si no fuera porque es más corriente de lo que podemos imaginar. No hace mucho recibí en mi consulta una madre joven con un crío de cinco años, que venía a preguntar mi opinión sobre el hecho de que su hijo se durmiera utilizando su pecho.

Objetivo

Evitar los ataques de «mamitis» o «papitis».

Signos de alerta

Nos hemos de preocupar si:

— Tu hijo se pasa el día diciendo que cuando sea mayor se casará con mamá, o con papá, si es niña.
— Cada vez que papá sale por la puerta, rompe a llorar desesperadamente.
— Le gusta tocar de forma exagerada sus genitales.
— Habitualmente y a la que te despistas, intenta acariciarte los pechos.
— Su palabra más representativa es «no».

Soluciones prácticas

Padecer papitis o mamitis puede generar un patrón incorrecto si no se supera convenientemente. Para ello se han de establecer unas pautas claras y unos límites bien establecidos que respeten el lugar de cada uno.

Hay que dar tiempo también a la adaptación, hablar entre la pareja y apoyarse mutuamente para que el niño o la niña vayan encontrando su sitio concreto en la familia.

Por otra parte, es importante evitar que el pequeño/a se salga con la suya y consiga generar una competitividad entre el padre y la madre, logrando así ser el centro de atención.

Situaciones cotidianas

Éste es el caso de Marta, una preciosidad de cuatro años, que trae a su madre, Tere, de cabeza. Tere no consigue entender por qué su marido le roba todo el protagonismo delante de la niña. Se ha creado una situación de complicidad entre padre e hija, de la que ella confiesa estar un poco celosa.

Nos relata, muy afectada, cómo su marido siempre defiende a Marta cuando ella la riñe y cómo su hija muestra una constante y clara preferencia por él. Tere está muy cansada de esta situación y ve frustradas sus ilusiones como madre.

Tere dice que incluso cuando la niña está enferma sólo llama al padre. El de Marta es un caso muy extremo de complejo de Electra o papitis, bastante más frecuente de lo que imaginamos.

Es bastante habitual que a las mamás se les caiga la baba por sus hijos y los papás pierdan el norte por sus niñas. Pero, bajo ningún concepto, hemos de dejar a nuestra pareja al margen y que esta nueva relación paterno-filial sea demasiado absorbente.

El mayor error que podemos cometer es bajar el nivel de nuestras exigencias. Podemos empezar a dejar, por ejemplo, que vengan a dormir a nuestra cama cuando falta uno de los dos padres. Esto puede empezar como un juego, pero nos podemos quemar. Hay que evitar que nuestro hijo ocupe un lugar que no le corresponde —como si fuera un miembro de la pareja—, en la cama, la mesa, cediendo a todos sus caprichos.

Esta situación se suele acentuar en los casos de separación matrimonial, en los que para no sentirnos solos o, con la excusa de que el niño/a no sufra, le dejamos que duerma en nuestra cama. Esto puede ser el principio de una situación inadecuada para el niño/a si dejamos que lo que puede ser una excepción se convierta en una rutina.

No quiere ir al cole, ¿qué hacemos?

No te asustes; es bastante normal que no quiera ir a la escuela. La mayoría de los niños pasan por una época en la que no están dispuestos a renunciar de la calidez de hogar. La disciplina del colegio se les hace bastante cuesta arriba.

No sucede porque sean niños vagos o pasotas. Puede ocurrir también —sucede bastante a menudo— que exista algún problema que no se ha detectado y que ocasiona dificultades al niño, creándole serios problemas de autoestima.

Por eso, cuando los niños empiezan a ir al cole, muchos padres se preguntan: «¿Cómo podemos detectar si algo no marcha bien?», «¿Se puede prevenir el fracaso escolar?». El niño, si somos suficientemente observadores, nos va dando pistas que nos pueden servir como señales de atención.

Debéis tener en cuenta que la adaptación escolar no es fácil para los niños y el enfrentarse con tareas escolares a las que no estaban acostumbrados a veces puede representar un suplicio para ellos.

Signos de alerta

Debéis empezar a preocuparos si:

— El niño siente malestar, tiene vómitos, dolor de barriga o incluso fiebre antes de ir al colegio, por las mañanas o ya el domingo por la noche. A menudo el malestar físico enmascara el temor del niño a enfrentarse con una jornada escolar.

Es inútil preguntarles qué les pasa; ni ellos mismos lo saben. Lo importante en estos casos es descartar que haya una causa orgánica y, una vez seguros de que se trata de algo psicológico, hay que pasar a la acción.

Es conveniente quitarle importancia y «solucionarlo» con una infusión o una pastilla de vitaminas, que actuarían como placebo, y pedir hora rápidamente al profesor/a del niño. Hay que averiguar qué es lo que está ocurriendo en el ámbito escolar que ocasiona tanta angustia al niño.

Situaciones cotidianas

Blanca empezó su primer curso en el colegio muy contenta. Era nueva, venía de una guardería, y sus expectativas eran jugar y pasárselo bien; lo que había hecho hasta ahora. Sin embargo, al tercer día ya empezó a poner problemas para ir al cole. «No me encuentro bien. Tengo sueño...», dijo. Una excusa que nunca había utilizado antes.

Su madre no le dio importancia y pensó que quizás estaba un poco resfriada. Así que la dejó en casa un par de días. El remedio fue peor que la enfermedad. Cuando Blanca volvió al cole resultó que se había perdido varias explicaciones importantes, y si los primeros días ya se había dado cuenta de que sus compañeros sabían leer perfectamente su nombre y ella no, ahora la distancia era mucho mayor. Así que el desespero de Blanca aumentó considerablemente. La niña había tenido miedo de enfrentarse con una situación de desnivel, y su ausencia lo complicó aún más.

Esta situación, sin embargo, es muy típica a esta edad y tiene fácil solución. Es básico estar informado de lo que van a trabajar en cada trimestre y saber si nuestro hijo está preparado. De esta manera podemos prevenir situaciones como ésta. Es fundamental la comunicación y la colaboración entre los padres y los profesores.

Conductas psicosomáticas más frecuentes

A esta edad los niños y niñas no saben identificar —¡si nos pasa a los mayores también!— la causa de su malestar, inseguridad, conflicto, miedo, etc., y muchas veces lo somatizan. Utilizan su cuerpo como señal o expresión de alarma de sus angustias y temores. Cualquier cambio inesperado en su vida cotidiana puede originarles una dificultad de adaptación que no sepan cómo solucionar, por ejemplo:

— Un cambio de colegio, de profesora o de grupo de amigos.
— El nacimiento de un hermanito.
— La separación de los padres.
— La muerte de un familiar muy querido, como un abuelito.
— Un cambio de casa o de ciudad.
— Mal ambiente en casa.

Si se producen estos cambios y el niño no refleja ninguna de las conductas que explicaremos a continuación, tranquilos, ha aceptado el cambio sin problemas. Sin embargo, hay que estar alerta. Entre otras, la tarea de los padres consiste en traducir y encontrar el significado de lo que les pasa a los pequeños. Aunque parezca complicado, con un buen «diccionario» y muchas ganas los niños en seguida responden positivamente.

Signos de alerta

Las siguientes conductas os indicarán que el niño tiene algún problema o dificultad.

— **Pesadillas.** Es el síntoma más evidente. Sueñan con lo que les preocupa o les da miedo y lo transforman en una especie de «cuento» de fantasmas. Lo importante no es *lo* que sueñen, sino el hecho de tener pesadillas, ya que este desorden del sueño, con continuos despertares o miedo a ir a la cama, está enmascarando alguna inseguridad o temor del niño. La situación se complica si además el niño coge el hábito de ir a dormir a la cama de los padres. ¡Ojo!, ésta ha de ser una conducta excepcional; nunca debemos dejar que se convierta en un hábito.
— **La pipa.** Ésta es una conducta muy habitual, a la que a menudo no se le da demasiada importancia, como si los niños y niñas tuvieran licencia para chuparse el dedo. Sin embargo, el contenido psicológico es bastante más complicado de lo que parece a simple vista. Este vicio o conducta recurrente, clasificada como autogratificante, nos indica un aflojamiento o distanciamiento temprano del lazo simbiótico madre-hijo. Es probable que el niño/a no esté preparado para independizarse de la madre o necesite un

distanciamiento más paulatino. Esta situación a menudo se precipita cuando la madre empieza a trabajar o cuando comenzamos a llevar al niño a la guardería. Un consejo: siempre es mejor el chupete que el dedo. Le será más fácil deshacerse del chupete que dejar que la manía de la pipa se fije.

— **Enuresis secundaria.** Es lo que se conoce como hacerse pipí encima, de día o de noche. Se trata de un síntoma muy revelador, que nos indica una regresión a estadios anteriores a nivel afectivo. Lo que está sucediendo es que nuestro hijo o hija nos reclama más atención. Por eso nunca hay que reñirle por ello. Además, se trata de una conducta inconsciente; en ningún caso voluntaria. Por supuesto, nos referimos a la situación que se da cuando un niño ya ha superado de manera satisfactoria la etapa de aprendizaje y control de esfínteres y, de repente, sin tener ningún motivo aparente, empieza a hacerse pipí encima, ya sea de noche o de día. Si lo pensáis bien, seguro que encontráis el motivo. Pero, atención, estas situaciones precisan de mucha mano izquierda.

— **Encopresis.** Se le escapa la caca. No es tan frecuente, pero cuando se da hay que tenerlo en cuenta. Normalmente, este hecho, desconcertante y desagradable tanto para los padres como para el niño —le puede suceder, incluso, con cinco o seis años—, esconde un pequeño «castigo» o rabia reprimida. Les suele ocurrir a niños tímidos o en circunstancias en las que el niño/a, quizás por temor a expresarse, se ve obligado a asumir algo que no le gusta y reacciona de esta manera. Son situaciones complicadas que necesitan la colaboración de un profesional, de un psicólogo, una vez descartada la causa orgánica.

— **Vómitos y desórdenes alimenticios.** Este tipo de conducta es la que empiezan a utilizar antes como chantaje emocional. Por ejemplo, cuando tienen alrededor de un año ya son capaces de provocarse el vómito si detectan que así consiguen algo que les interesa: llamar la atención, que los mimen, no comerse algo que no les gusta, etc. De todas, esta conducta psicosomática es quizás la más consciente y con la que hemos de tener más cuidado. Así que no hemos de utilizar la comida como chantaje, porque luego lo usarán ellos. Por otra parte, si en alguna ocasión hemos oído esta frase: «Si no me dejas ver la tele, no como», es que no vamos bien. Y, por supuesto, no podemos ceder. La comida ha de ser un momento relajado y agradable para compartir, con un tiempo limitado. Así que evitaremos forzar la situación y si nuestro hijo o hija come poquito, que lo haga. No nos hemos de preocupar; si no nos angustiamos, poco a poco comerá más. Es mejor que coma un plato combinado pequeñito, con poca cantidad, se lo acabe y luego le felicites, que estar tres horas intentando que se coma 300 gramos de papilla porque le toca. Los niños, como los adultos, no siempre tienen la misma necesidad de alimento. Unos días están más hambrientos que otros. Respétalo. En este tema hay que ir despacito y con buena letra.

Existen otros indicadores de que algo va mal en el niño, llamados de tipo conductual, que suelen aparecer más tarde, con más edad. Cuanto más radical o más campos abarque este cambio, mayor deberá ser nuestra preocupación, puesto que nos indica que existe una alteración psicológica importante. Aquí, lo que sucede es que el niño, al sentirse mal o incómodo, empieza a cambiar algún hábito característico de su manera de ser. Por ejemplo:

— Si es un niño dormilón empieza a tener pesadillas, o viceversa.
— Si es comilón empieza a no tener hambre, o viceversa.
— Si es un niño inquieto y juguetón, ahora se pasa toda la tarde aplatanado frente al televisor.
— Si es un niño tranquilo, ya no se entretiene con nada, está nervioso y llora por nada.

Se vuelve a hacer pipí

La regresión es un fenómeno muy habitual en la infancia. Puede que nuestra hija, por ejemplo, cumplidos los tres años, haya dejado tiempo atrás de hacerse pis encima. Sin embargo, de repente tiene escapes nocturnos o la ropa interior manchada. Es lo que llamaríamos una regresión.

En lugar de crecer, el niño o la niña retrocede a etapas anteriores. Como hemos explicado en el apartado sobre las conductas psicosomáticas, estos casos suelen tener un contenido psicológico importante: decepción, conflictos internos, inseguridad, miedo a la realidad... Cuando un niño tiene algún problema en la esfera afectiva o emocional suele haber consecuencias que, al no saber verbalizar, expresa a través del cuerpo.

A esta edad es difícil que sepan identificar sus emociones, y, cuando algo trastoca su estabilidad emocional, su cuerpo lo traduce mediante la incontinencia. La inseguridad, por ejemplo, suele representarse con el descontrol en el pipí, y el enfado, con la encopresis o la dificultad para controlar el esfínter anal.

No es lo mismo, por otra parte, un niño que nunca ha sido capaz de controlar los esfínteres que otro que lo haya conseguido satisfactoriamente, a la edad correspondiente, y, luego, debido a alguna causa externa, vuelva a presentar escapes.

Las causas de esta regresión pueden ser variadas: el nacimiento de un hermanito, celos, cambio de colegio, de casa, la separación de los padres. Lo que está claro es que afecta a un 20 % de la población infantil y si no se hace nada, el problema se puede alargar hasta los 15 o 17 años, en algunos casos hasta los 20.

Se suele solucionar al entrar en la adolescencia, debido a los cambios hormonales que suceden a esas edades. Se regula de forma automática el sueño y se empieza a segregar de forma natural una hormona antidiurética.

Sin embargo, los escapes en sí no son lo peor de esta alteración, sino crecer con el sentimiento de impotencia de no poder controlar su cuerpo como los demás niños y sentirse diferente en el momento en el que se están formando los cimientos de la personalidad del niño.

Es importante saber cuál es el motivo de que no controle el pipí, para actuar de la forma más adecuada. Hay diferentes causas, no sólo de tipo psicológico, como vemos a continuación:

- **Problemas orgánicos.** El más frecuente es la vejiga inmadura o pequeña.
- **Alteraciones del sueño y desfases hormonales.** Se trata de niños que duermen profundamente. Se saltan las fases de sueño ligero y sólo presentan fase REM, que coincide con una disfunción en la que se segrega poca hormona antidiurética.
- **Problemas psicológicos.** Inseguridad, falta de autoestima o situaciones traumáticas para el niño.
- **Hábitos incorrectos.** No haberle quitado el pañal a la edad correspondiente o hacerlo sólo de día y dejarle el pañal para pasar la noche hasta más mayor.
- **Herencia genética.** En este caso, existen antecedentes familiares y una mayor incidencia entre los niños que entre las niñas.

Objetivo

Nuestro propósito es generar un acto reflejo, que sea capaz de controlar los escapes y que eso funcione en cualquier situación. El problema no son los escapes en sí mismos, sino las consecuencias psicológicas negativas que acarrean.

Si actuamos de forma correcta, el niño/a conseguirá superar él solo con su esfuerzo este problema, de manera que su autoestima mejorará y su capacidad para enfrentarse con situaciones difíciles y superarlas aumentará de forma notable.

Signos de alerta

Nos podemos preocupar cuando:

— Evita ir de colonias o campamentos con sus compañeros/as de colegio.
— No quiere que vengan a dormir sus amigos o amigas a casa, ni él quiere ir a las suyas.
— Se está volviendo tímido/a y retraído/a.
— Ha perdido la autoestima.
— Se siente impotente.
— Su rendimiento escolar ha disminuido.

Soluciones prácticas

Vamos a ocuparnos de los niños que teniendo más de cinco años siguen mojando la cama, con o sin intervalos duraderos de tiempo entre escapes, y buscaremos soluciones. Las hay muy variadas, independientemente de las causas que originen el problema: acupuntura, hipnosis, diferentes terapias, la modificación conductual, el pipi-stop o alarma... Sin embargo, lo que suele funcionar con un mayor índice de resultados satisfactorios es la combinación de un entrenamiento —le haremos hacer ejercicios para cortar el pipí con cierta dieta, controlando, a la vez, las variables que intervienen en la enuresis.

Para ello vamos a tener en cuenta:

— Cuántos pipis hace el niño/a al día.
— La cantidad de líquidos que bebe durante el día.
— Lo que cena.
— A qué hora se va a dormir.
— Las actividades extra.
— Si se le escapa o no.

Apuntaremos estos datos y llevaremos un control objetivo sobre ellos para apreciar su evolución. Ten en cuenta que el número de veces que va al lavabo durante el día es un dato muy relevante. Este tipo de niños suele retener el pipí durante el día y por la noche su vejiga no aguanta más, se agota su resistencia.

Es necesario pues que, como mínimo, haga unos ocho pipís diarios. A este respecto se nota un cambio significativo entre el verano y la época escolar, ya que, durante las vacaciones, el niño es libre de hacer pipí cuantas veces lo necesite, sin embargo en la escuela no puede hacerlo a su antojo. En el cole ha de aprovechar el tiempo de patio y a lo mejor lo deja para más tarde, ya que, al jugar, los niños suelen olvidar sus necesidades.

El niño motivado para superar esta situación tendrá que hacer una dieta antidiurética y un entrenamiento de esfínteres para coger tono muscular. Dependiendo de la edad, es importante que no recaiga toda la responsabilidad en el pequeño. Si a un niño de cinco años le prohíbes beber después de cenar, es más que probable que tenga mucha sed antes de irse a la cama.

No hace falta que el niño o la niña sepa que tiene alimentos no recomendados y que no puede tomar cenas ni demasiado saladas ni que contengan demasiada agua. Siempre hablando de la cena, es importante que se respeten los horarios y los menús.

Los siguientes alimentos no están recomendados:

— Pizzas.
— Frankfurts.
— Bocadillos de jamón salado.
— Refrescos con gas o cafeína.
— Verduras y frutas diuréticas.
— Sopas y purés de verduras.

Para aumentar el control de esfínteres recomendamos el ejercicio de aguantar una presión de orina importante durante cinco minutos, mientras el niño es totalmente consciente de lo que hace. Siguiendo este tratamiento para no mojar la cama, el problema se puede solucionar entre tres y seis meses. Su eficacia ronda el éxito en el 95 % de los casos tratados.

Situaciones cotidianas

Hay muchos niños y niñas que mojan la cama, y es importante comprenderlos, ya que no lo hacen de forma voluntaria. Sin castigos y con la complicidad necesaria se puede superar sin problemas. Como Julia y Silvia, dos hermanas gemelas que con más de seis años no habían conseguido nunca pasar más de dos noches sin mojar su cama.

Era un caso difícil, ya que no solían hacerlo a la vez: cuando una lo conseguía la otra no, y no había manera de encontrar el motivo; aparentemente, no había ninguno. Descartados todos los problemas, llegamos a la conclusión que era una lucha entre ellas por ver a quién hacía más caso su madre.

Flora, la madre, andaba loca cambiando sábanas. Ya no sabía qué hacer, lo había probado todo. Así que empezamos el tratamiento para no mojar la cama. Lo primero era dejar de ir a levantarlas por la noche para evitar que se mojaran. Acudir por la noche a cambiarles las sábanas o acompañarlos al lavabo es una práctica muy extendida, pero que no resuelve el problema, sino que a veces lo cronifica.

La madre tuvo una larga conversación con ellas y luego acudieron a la consulta. Bastó un mes de ejercicios y que comprendieran que no les pasaba nada raro para que reaccionaran positivamente. Al tener instrucciones neutrales de lo que debían hacer por la noche en caso de mojarse, «decidieron» no continuar con ello.

De forma inconsciente, ya no tenía ningún sentido para ellas, puesto que la causa principal era llamar la atención de la pobre Flora. Así que, felizmente, de un día para otro, se acabaron las sábanas mojadas.

Otro caso es el de Fran, un niño de nueve años, a quien recuerdo con especial cariño. Su recuperación tuvo varios altibajos. En el primer intento el éxito fue total, pero, después del verano, al volver a enfrentarse con el estrés escolar y cambiar de clase y profesora, sufrió una fuerte regresión.

Se desanimó al ver que volvía a las andadas y no había manera de motivarlo. Finalmente, se nos ocurrió la idea de que si lo conseguía, conocería a su ídolo del fútbol. Y fue increíble: al cabo de quince días no se le había escapado ni una sola vez el pipí. Los recursos del inconsciente son asombrosos. Después de conocer en persona a su ídolo, que le firmó una foto con él, a Fran ya no se le volvió a escapar el pis nunca más.

Sus primeros amigos. ¿Aprendiendo a compartir?

Recién cumplidos los tres años iniciamos el establecimiento de las primeras relaciones interpersonales, lo que se llama sociabilidad. No ha pasado tanto tiempo desde sus primeros contactos sociales, en el parque o en la guardería —en los que apenas interactúan—, a este inicio de primeras amistades. Sin embargo, el niño sí que ha cambiado.

La forma en la que se relacionan entre sí es muy diferente, según sean niños o niñas los que interactúan. No es propio de este período, además, que jueguen entre sí en grupos mixtos, ya que el juego está muy diferenciado.

En general, los niños actúan y las niñas hablan. Ellos corren tras un balón, ellas inventan juegos de rol. Por otra parte, en estos preliminares se confunden los sentimientos, y pasan de ser «superamigos» a «Ya no te hablo» rápidamente. Es necesario ayudarles a expresar sus sentimientos y a definir la diferencia entre un amigo y un compañero.

Objetivo

— Desterrar el egoísmo innato del niño, enseñarle a compartir, y reforzar su independencia.

— La amistad implica reciprocidad, buena sintonía, compenetración, aficiones comunes y ayuda mutua. No es tarea fácil, sobre todo, cuando son tan vulnerables.

Amistades peligrosas

Cuando observamos alguna relación perjudicial o demasiado absorbente hay que actuar para que el propio niño se dé cuenta de que no le conviene. Sin embargo, si le prohíbes que juegue con determinado niño, esta relación se reforzará y se hará clandestina, con lo que será muy difícil intervenir.

Signos de alerta

Podéis empezar a preocuparos si:

— No soporta las bromas o burlas (no tiene sentido del humor).
— Busca problemas donde no los hay.
— Siempre se mete en líos con otros niños.
— Juega solo y se imagina amigos.

Soluciones prácticas

Al comenzar a establecer relaciones sociales y con sus primeras amistades, el niño debe tener la oportunidad de probar sus propios recursos y ganar confianza en sí mismo. Es importante que tu hijo o hija entienda que lo ideal es aprender a sacarse las castañas del fuego, con astucia y sin tener que recurrir a la agresividad.

Así que cuando surjan situaciones conflictivas:

- Déjale que resuelva por sí solo/a sus conflictos con los amigos mientras no sea perjudicial.
- No lo protejas ni saltes en su defensa siempre que se meta en un lío. Si lo haces, estarás fomentando su dependencia hacia ti.

Por otra parte, si vuestro hijo siempre es el que empieza y busca lío, no tolera que se burlen de él o es demasiado susceptible, eso nos está indicando su punto débil, la inseguridad. Lo que más necesita un niño o niña de este estilo es que promuevas su autoestima.

Si castigas constantemente a un niño peleón o susceptible, se sentirá más inseguro y aprenderá a defenderse atacando. Dale alternativas para salir airoso de esas situaciones. Ponle ejemplos con sus personajes favoritos.

Puede suceder también que su mejor amigo sea mejor que él jugando a fútbol: por un lado le admira y por otro le da rabia que sea mejor futbolista. Es posible que aparezca la envidia: «Ella es más guapa que yo.» Como bien sabes, en las amistades, adultas o infantiles, surgen sentimientos encontrados. En esos momentos delicados hay que estar con ellos —lo mismo que a ti te gustaría que hicieran contigo cuando una amistad pasa por momentos conflictivos.

Los amigos le dan la oportunidad, además, de ensayar sus habilidades emocionales y de incorporarse al mundo social. Aprenden a jugar en equipo, a guardar turnos, a ceder, a compartir afinidades...

Por otra parte, un niño sin contacto con otros niños de su edad —primos, hermanos, amigos— corre el peligro de convertirse en un adulto prematuro. En esta época, con tantos hijos únicos, hemos de vigilar que el niño se sociabilice adecuadamente, más allá del tiempo que pasa en el colegio.

Los hijos únicos

Para ellos la amistad tiene especial relevancia, ya que los amigos suplen el papel de los hermanos. Y, aunque está acostumbrado a estar solo, necesita el contacto con otros niños de su edad.

Cuando no existe la competencia entre hermanos y un niño crece siendo el «rey de la casa», le conviene compensarlo compartiendo sus aficiones con sus amigos.

¡Mi hijo tiene un amigo invisible!

Tener un amigo invisible es más frecuente de lo que nos pensamos. Alrededor de los cuatro o cinco años, cuando los niños empiezan a tener sus primeros amiguitos, hay algunos que se los inventan. El problema es que lo viven de una forma tan real que a veces asusta.

De repente, el niño se empieza a reír, y al preguntarle inocentemente: «¿De qué te ríes, cariño?», él contesta: «¡Mira, mira, ha tropezado!» Te giras y le preguntas: «¿Quién?» Él, sin inmutarse, te dice: «Es mi amigo y se llama Pepe.»

En ese momento puedes reaccionar de dos maneras: o reñirle y decirle que no se invente cosas o hacer ver que no te das por aludida.

Seguirle la corriente es la menos recomendable. Lo mejor es hacer oídos sordos al tema.

El problema radica en que a esta edad los niños confunden sus imaginaciones y las traspasan al plano de la realidad, con tal realismo que a veces consiguen que nos lo creamos. Son etapas que se superan con la edad.

Si observamos que persisten y no juega con amigos de verdad, tendremos que empezar a preocuparnos. La socialización es importante y los amigos imaginarios han de ser sólo una etapa. Si tiene más de seis años y continúa inventándose amigos, consulta a un profesional.

Si su desarrollo lingüístico es precoz, suelen hablar más con sus amigos imaginarios que con sus compañeros reales, que a veces no le entienden.

Tengo un hermanito. Los primeros celos

La llegada de un bebé no suele ser una buena noticia para el príncipe destronado, aunque sus padres estén inexplicablemente radiantes. El niño pequeño vive una crisis ante la llegada del nuevo hermanito, se siente desorientado e incluso atemorizado ante esa amenaza que se le viene encima.

Las excesivas explicaciones de los padres no hacen sino aumentar los temores del niño. Debes saber que no es beneficioso para el pequeño hablar del nuevo hermanito con tanta antelación, a pesar de lo que digan las creencias populares.

A esa edad, entre los dos y los cinco años, no saben qué significa un bebé nuevo, no se pueden imaginar que esté dentro de la barriga de la madre... Todas esas informaciones que no acaban de comprender le producen una gran inseguridad.

Para ellos, es la llegada de un intruso, y es mejor que se sientan libre de expresarnos su angustia abiertamente, en lugar de consumirse en silencio. Cuando los niños reprimen los celos, éstos salen de manera enmascarada, a través de síntomas y mal comportamiento.

Así que si ese resentimiento hacia los hermanos no se puede expresar, los padres lo prohíben y coartan sus tentativas de verbalizarlo, los niños pueden padecer fuertes pesadillas. Las pesadillas son la forma que tiene el niño de expresar en imágenes lo que no puede o teme hacer con palabras.

Éste es el caso de Oscar, un niño de tres años, que, al nacer su hermanita, empezó a presentar episodios de terribles pesadillas. Se despertaba en medio de la noche, chillando muerto de miedo, sudando y congestionado. Sólo se calmaba si se quedaba en la cama de los padres, donde sentía que recuperaba su lugar y se sentía protegido de la amenaza del bebé.

Esta situación, junto con las tomas de lactancia y la falta de sueño, complicaba mucho las cosas a los padres, que empezaron a perder la paciencia con él. Nunca habían tenido que castigarle y no entendían su comportamiento de ahora. Pero no querían que se les convirtiera en un niño maleducado y le reñían constantemente por todo.

El pobre Óscar tampoco entendía nada, de repente sus padres tenían una actitud hostil, siempre lo regañaban... ¿Ya no lo querían? Sentía que desde que había llegado su hermanita, él ya no era importante. Además, le exigían cosas inapropiadas para su edad. Ahora era el mayor, pero no dejaba de ser un niño pequeño de tres años.

Por lo que hemos visto respecto a Óscar, es mejor dejarles expresar la rabia y los celos de forma natural que no que padezcan una etapa de sueños aterradores. Otros niños sufren regresiones, se vuelven hacer pipí por la noche o se vuelven agresivos.

Estas reacciones son más patentes en casa: empiezan a romper o a tirar cosas al suelo, aparecen algunos tics, se muerden las uñas... buscan estrategias para reducir la ansiedad que esta nueva situación les produce. Algunos niños un poco mayores, al pedirles que dibujen a su familia, suelen eliminar al recién nacido, dibujando sólo a sus padres y a él.

La posibilidad de verbalizar sus sentimientos, bien con palabras o bien a través de algún dibujo, les ayuda a eliminar los sentimientos negativos. Hay que escucharlos sin recriminarles sus sentimientos, reservándoles un espacio exclusivo de confidencias y mimos. Puede ser al acostarlos o cuando los acompañamos al cole.

A menudo no podemos distinguir los celos, no parecen evidentes, ya que el niño muestra una conducta afectuosa hacia el bebé, pero aumenta la mala relación hacia la madre. Hemos de pensar, por otra parte, que las consecuencias de las rivalidades infantiles no resueltas vuelven a surgir y nos persiguen en la vida adulta.

Los celos, además, tienen muchas caras y disfraces. Pueden expresarse tanto por activa como por pasiva. La ausencia de reacción es igual de reveladora que las reacciones exageradas o impulsivas.

En este caso, los cambios de conducta son muy significativos.

Cuando un niño que era juguetón deja de serlo o uno muy tranquilo empieza a alborotarse, no podemos quedarnos al margen. Hemos de observarlos y tomar cartas en el asunto.

La rivalidad entre hermanos, por otra parte, suele exteriorizarse en forma de competición. Hay hermanos que suelen rivalizar por casi todo y otros, sin embargo, tiran la toalla y se rinden. Ten en cuenta también que los celos pueden ser del mayor hacia el pequeño o del pequeño hacia el mayor.

Objetivo

- Fomentar el compañerismo, generar armonía entre los hermanos, evitar peleas y conseguir que se apoyen mutuamente y jueguen juntos.
- Evitar las comparaciones y resaltar las habilidades individuales. Han de saber que son únicos y que les queremos por ello.

Signos de alerta

Nos hemos de preocupar en el caso de:

- Continuas peleas entre ellos. Siempre se las carga el mismo, normalmente el mayor.
- Aumento de pataletas, pesadillas, mal humor...
- Le estamos exigiendo más al mayor. De repente ha pasado de ser un niño de tres años a ser el hermano mayor.
- Cambios de comportamiento.

Soluciones prácticas

Es difícil educar a los hermanos por igual. Ser justo no significa regalarles a todos los hijos lo mismo por Navidad, ni tratarlos igual, ni reñirles de la misma manera, sino saber distinguir sus diferencias y tratarlos en consecuencia. Es posible, por ejemplo, que uno de vuestros hijos necesite una mayor rigidez en las normas y más reprimendas, mientras que otro puede hundirse con las mismas palabras.

La rivalidad entre hermanos afecta a la vida del niño más de lo que nos podemos imaginar la mayoría de los padres. Puede afectar seriamente a la personalidad de nuestro hijo y convertirse en su *leit-*

motiv. Se puede pasar la vida intentando demostrar que es el mejor, el más rápido, el más fuerte, el más poderoso o, por el contrario, nunca intentarlo porque se siente derrotado de antemano y siempre permanece en un segundo plano.

Esta situación se acentúa cuando es el pequeño el que sufre los celos y, al tener otro hermano, queda en medio, sin los privilegios del mayor y sin los mimos del pequeño. El síndrome del hermano mediano merece una mención especial. Se les suele conocer como el hermano bocadillo o sándwich, y suele tener mayores dificultades para encontrar su lugar, ya que su posición carece de privilegios. La diferencia de edad y sexo ocasiona también alguna dificultad.

Pero cuál ha de ser, os preguntaréis, la actitud de los padres para apaciguar la competencia que genera la lucha por el amor exclusivo de papá y mamá. Algunos padres, por cierto, sienten coraje hacia las actitudes competitivas y, al detectar cualquier atisbo de celos, los castigan constantemente. Otros llegan a hacer malabarismos para que el niño no tenga celos. Evitan que vea al pequeño en situaciones íntimas e intentan convencerlo de que quieren a todos los hijos por igual.

Algunos padres, en su lucha contra los celos, hacen idénticos regalos a los hijos, los visten igual, los alaban con las mismas palabras, los llevan a los mismos campamentos, los apuntan a las mismas actividades extraescolares —todos a música, todos a deporte, todos a inglés...

Sin embargo, el resultado es igual de malo que en el primer caso. La uniformidad suele ser injusta; ni las mismas regañinas ni las mismas carantoñas consiguen disminuir el deseo de exclusividad del niño.

> Aprender a compartir es un largo proceso que parte de la base del reconocimiento de que los celos suelen ser inevitables y hay que enfrentarlos de cara.

Del mismo modo, hay que evitar las comparaciones: ninguno de los hijos es *igual* a otro, ni se puede comparar. Precisamente cada uno es diferente, único, especial y eso es lo que hemos de resaltar. Conviene pues explicarles las características que los hacen especiales de forma abierta.

El respeto y ayudarles a comprender las diferencias de edad y sexo ayuda a solucionar la situación. Algunos suelen verbalizar su malestar, «Ya no me quieres», «A mí no me coges», «Yo también quiero chupete», o preguntan si los bebés se pueden devolver al hospital.

En estas ocasiones hay que evitar dar excesivas explicaciones. Es mejor quitarle importancia al asunto. Así, es preferible contestar con frases del tipo:

— «Cómo no te vamos a querer si eres nuestro primer hijo.»
— «Vaya tontería; te queremos un montón.»
— «Nosotros aprendimos a ser padres contigo, tú fuiste el primero.»

Y evitar dar contestaciones como las siguientes:

— «Os queremos a los dos igual.»
— «¡No le toques, le harás daño!»
— «Te vamos a hacer una habitación nueva y tu cuna vieja será para el bebé.»

Los celos son unos sentimientos muy delicados, así que si pescáis a vuestro príncipe destronado aporreando al bebé con un osito, conviene que evitéis la regañina. Podéis, en cambio, llevarlo a un lugar aparte y escuchar su motivos, en la intimidad, con cariño. Eso no quiere decir que lo sometáis a un interrogatorio de tercer grado, sino que le ayudéis a verbalizar sus sentimientos negativos. Podéis decirle: «Estás enfadado con el bebé, ¿verdad?», o darle una muñeca o un papel y lápices o rotuladores, y permitirle que exprese su rabia.

Nuestra posición será observarlo con ojos comprensivos: es mejor que su enfado se vuelque de forma simbólica, dibujándolo o proyectándolo sobre un juguete, que no se lo guarde en su interior y lo reprima. Después se le puede decir: «La próxima vez que te enfades con tu hermanito, ven a contármelo. Mamá te escuchará.»

Tampoco hay que fingir que todos somos perfectos, ni que queremos a todos los hijos de la misma manera, ni siquiera hemos de esforzarnos para disimularlo. Queremos a cada hijo de forma diferente porque cada uno es especial y único y no hay que ocultarlo.

La clave está en la calidad no en la igualdad. La «igualdad» suele ser injusta. Cuanto más nos esforzamos en evitar las desigualdades o favoritismos aparentes, más pendientes están ellos en descubrirnos. Es absolutamente legítimo que el mayor tenga unos privilegios que dependen de la edad. Si nuestra conducta es clara y transparente, ayudará a evitar miedos innecesarios.

Para poner en práctica la calidad antes que la igualdad tendremos que dejar de obsesionarnos con ser justos y centrarnos en darle a cada uno un momento en el que se sienta único y especial para nosotros, sin necesidad de compensar a los demás con regalos o excusas. De esta manera cada hijo se relajará con ese momento especial; se sentirá comprendido y valorado como individuo singular, y se reforzará su autoestima.

Situaciones cotidianas

Gaby es una niña de tres años y medio que acaba de recibir la noticia de que va a tener un hermanito. Ella no sabe exactamente qué quiere decir eso, ya que nunca ha tenido ninguno y piensa que debe de ser como un muñeco grande, así que se alegra y se deja contagiar del estado de euforia de sus padres.

Sin embargo, día a día va observando cambios en el comportamiento de sus padres. Han dejado de centrar su atención en ella y se pasan el día hablando del bebé; además, cuando van de compras, ya no le compran cosas a ella, sino al hermanito.

Empiezan a decorar la habitación del nuevo hijo y a ella la cambian de cuarto. La avisan de repente de que ahora ya es mayor y debe dejar el chupete; sin embargo, compran varios chupetes nuevos para el «otro». Empieza a sentirse desplazada y se atemoriza por una amenaza contra la que no puede luchar porque todavía no existe.

Paulatinamente se apaga su alegría, llora por todo y no se quiere soltar de sus padres para nada. Tiene miedo a perderlos, no entiende qué pasa y se hunde en una regresión que le impide avanzar hacia la independencia. Esta situación se alarga demasiado en el tiempo para Gaby: ocho meses de sufrimiento son demasiados y pierde el control.

Gaby sufre pesadillas nocturnas, está irritable y sus padres, que tampoco entienden nada, se pasan el día castigándola. La presión no hace más que complicar las cosas. Se le junta todo: empieza a ir al cole, deja la guardería y su mamá ya no va a buscarla porque está a punto de dar a luz. Se siente tremendamente desdichada. Cuando nace el pequeño, la llevan al hospital y estalla en una pataleta tremenda.

Para reconducir toda esta situación, simplemente hay que evitar explicar cosas que los niños, debido a su edad, todavía no pueden comprender. Es más práctico hablarle del bebé cuando está a punto de nacer para que en seguida vea lo que es y se tranquilice al comprobar que no se mueve, sólo está en la cuna, llora, y hay que alimentarle y cambiarle de vez en cuando.

El hermano/a mayor ha de experimentar que no va a perder a sus padres. Para ayudarlos, se ha de intentar que coincidan los menos cambios posibles en su rutina, que su vida se altere lo mínimo posible. A esta edad, la rutina confiere mucha seguridad a los niños; es su manera de controlar lo que pasa en su vida, ya que todavía no cuentan con el reloj, entre otras cosas.

Un Pinocho en casa. ¿Mentiras o imaginación?

Los padres se sienten traicionados cuando pescan a su hijo en una burda mentira y su ira suele ser implacable. El enfado es mayor si, además, la mentira es evidente y el niño un inepto, porque no tiene la picardía de disimular con gracia.

Es exasperante oír a un niño insistir en que él no ha sido el que ha manchado el suelo con pintura, o que no se ha comido los bombones cuando tiene toda la cara manchada de chocolate, o la camisa llena de pintura.

En primer lugar, vamos a tratar de definir lo que sería una mentira de verdad. Se entiende por mentira aquella excusa que se piensa con la intención de engañar y ocultar la verdad de forma intencionada, con premeditación, alevosía y «nocturnidad».

Por el contrario, consideramos que no es una mentira cuando el niño pretende salvar el pellejo en una situación comprometida y en la que todos los dedos lo apuntan. En este caso, se podría decir que el que actúa es el instinto de supervivencia para librarse del castigo o del enfado paterno. Se trata de una reacción defensiva, provocada por la manera en sí de preguntar.

Cuando interrogamos a un niño delante de sus amigos: «¿Quién me ha tocado el ordenador sin mi permiso?», el silencio es la respuesta lógica. Quién va a querer quedar mal delante de sus amigos y, además, sufrir un castigo «inmerecido». Las preguntas trampa son odiosas, les obligan a escoger entre una torpe excusa —una «mentira»— y una confesión embarazosa.

Muy a pesar nuestro a veces mienten porque no les dejamos decir la verdad; nos gusta demasiado jugar a detectives y a menudo somos demasiado persecutorios.

Otras veces es su imaginación la que les juega malas pasadas y confunden realidad y fantasía.

Cuando la pequeña Claudia, de apenas tres añitos, le explicó a su abuela que los Reyes Magos le habían traído un caballito de verdad, la sorpresa fue mayúscula. Su primer impulso fue llamar a su hija y decirle que la pequeña ya empezaba a mentir. Pero luego pensó que a lo mejor a la niña le hacía tanta ilusión que se estaba haciendo un lío entre su deseo y la pura realidad. No podemos convertir un exceso de imaginación en una oscura mentira.

Objetivo

Nuestras estrategias con las mentiras son muy claras. Hay que educar para comprender y hacer entender que con la verdad se llega a todo el mundo. «La verdad os da la libertad», sería nuestra máxima.

Signos de alerta

No vamos por buen camino si:

- Nos pasamos el día haciendo preguntas cuyas respuestas ya conocemos: «¿Has recogido tus juguetes?», «¿Has hecho los deberes?».
- Abusamos del «No digas tonterías».
- Sometemos a nuestros pequeños a una estricta vigilancia comprobando cada palabra, cada hecho, en la búsqueda de la verdad.

Soluciones prácticas

Si queremos inculcar sinceridad y honestidad, debemos prepararnos para *escuchar* tanto las verdades amargas como las agradables. Los niños han de crecer en la tranquilidad de poder expresar sus verdaderos sentimientos sin cortapisas.

Les debemos enseñar que no hay que mentir sobre lo que se siente; nuestro repertorio de sentimientos es muy amplio, a veces son positivos, otras negativos y a menudo ambivalentes.

De nuestras reacciones ante la expresión de sus sentimientos, ellos aprenderán a reprimirlos y modificarlos a su antojo, perdiendo toda su inocencia y candidez. La prudencia en los actos y la observación de sus reacciones nos pueden resultar de gran ayuda. Escucharlos primero y decidir después qué hacemos siempre es una buena regla. Imprime confianza.

Por otra parte, cuando son castigados por decir la verdad, los niños mienten en defensa propia. También mienten para añadirle fantasía a su mundo, y a menudo sus «mentiras» nos proporcionan mucha información sobre lo que piensan o sienten.

Situaciones cotidianas

Víctor, de seis años, rompió sin querer un avión que le había traído su padre después de un viaje. Se asustó y escondió los restos debajo de la cama. Cuando su padre lo descubrió empezó el interrogatorio.

—¿Dónde está el avión que te regalé? —le preguntó su padre.

—No lo sé —respondió Víctor.

—¿No te ha gustado? —replicó.

—Sí, pero no lo encuentro —le contestó.

—Búscalo y jugamos juntos.

—Creo que mamá lo ha guardado —dijo Víctor.

—Me estás diciendo una mentira. ¿Qué son estos trozos que estaban debajo de tu cama? —repuso el papá, que añadió—: No me gusta nada tu comportamiento. ¡Es muy malo ser un niño mentiroso!

Con esta pelea dialéctica, lo único que conseguimos es que nuestro hijo se sienta terriblemente mal consigo mismo. Si queremos enseñarle que sea sincero y que no tenga miedo de explicarnos lo que le pasa debemos darle la oportunidad de que se explique sin juzgarlo por adelantado. El padre de Víctor se olvidó de que su hijo no rompió el avión a propósito, sino que fue un accidente mientras jugaba con él. Al culpabilizarlo, le transmitió su rabia.

Seguramente habría sido mucho más efectivo entenderlo y decirle: «¡Vaya!, qué mala pata, ya vi que se rompió el avión que te regalé. Seguro que jugabas mucho con él... ha durado poco.» De esta manera, el niño habría entendido que su padre le comprende y que puede hablar con él de todo, así como también que ha de ser más cuidadoso. Al niño también le ha sabido mal que se rompiera el juguete que era parte de una relación cómplice entre los dos.

Quique, con sus cuatro años, entró en casa enfadadísimo y se quejó a su madre: «Odio a la profesora. Es mala, no me quiere.» La madre, le contestó, airada: «Eso no es verdad, tú quieres a todo el mundo y a tu profesora más, que es la que te enseña todo. En esta familia no odiamos a nadie... ¡Tú qué te has creído!»

Quique insistió: «No, ¡la odio con todas mis fuerzas!, ¡No quiero ir nunca más al colegio!» Su madre, muy disgustada por una actitud tan negativa, decidió darle una bofetada a ver si así se calmaba y atendía a razones.

El niño, asustado, decidió cambiar el discurso, y la madre le abrazó, diciendo: «Lo ves, eres un niño bueno y quieres a todo el mundo. Estas cosas no las dirás más, ¿verdad?»

Lo que aprendió el niño, la madre seguro que ni se lo imagina. Él decidió que decir la verdad le acarreaba muchos problemas y que no podía compartir sus verdaderos sentimientos con su madre. Era mejor mentir y decir lo que ella quería escuchar. Las consecuencias de ser sincero eran demasiado peligrosas para él, ya que a sus cuatro añitos todavía no tenía edad para enfrentarse con su madre. Antes de reprimir ese sentimiento negativo, hubiera sido interesante averiguar qué lo había motivado. Es posible que el niño tuviera razón.

Una buena pregunta en este caso sería: «¿Te gustaría explicarme qué te ha pasado?» A lo peor, la profesora le riñó delante de sus compañeros y eso pudo ocasionar su intensa reacción.

Despacito y buena letra. El cole empieza a ser algo serio

Tu hijo o hija ya tiene edad de tomarse las cosas en serio en el cole; ha de empezar a hacer deberes, aprender a concentrarse, llevar una agenda, se ha de portar bien en clase... Empiezan sus responsabilidades. Sin embargo, no todos los niños se adaptan bien a esta nueva situación. A unos les sienta como un guante, se ponen las pilas y están dispuestos a dar lo mejor de sí mismos y, en cambio, a otros les repatea obedecer, tener un horario, estarse quietos en la silla... lo único que hacen bien es revolucionar a toda la clase, y su profesor ya no puede más. ¿Qué pasa?

Pueden pasar varias cosas, desde que el niño esté pasando por un mal momento y necesite llamar la atención hasta que sea un niño hiperactivo; puede que tenga una dislexia, hasta que sea tartamudo, pasando por los tics.

En este primer contacto más en serio con el mundo académico hay que estar atento para prevenir situaciones sin importancia, porque si no les podemos dar solución a tiempo, se pueden convertir en un serio problema más adelante.

Signos de alerta

Debéis preocuparos cuando:

- Aprender a leer y escribir le cuesta muchísimo. Confunde letras y números, los invierte o escribe en espejo, a pesar del empeño y el esfuerzo con el que lo intenta.
- Le cuesta mucho orientarse en el espacio, confunde la derecha y la izquierda.

— Le cuesta orientarse también en el tiempo, las secuencias temporales, y hacer un orden, determinar lo que va primero y lo que va último.
— Tiene dificultades para cumplir órdenes compuestas, del tipo: «Ve a la cocina y trae el vaso. Luego lo dejas en el fregadero.»
— Se distrae con mucha facilidad y con todo, en cualquier circunstancia. No se concentra ni viendo su serie favorita de dibujos animados.

Todas estas situaciones las hemos agrupado como signos de alerta, aunque en sí mismas no tengan mayor importancia; sin embargo, hemos de estar ojo avizor y controlar su evolución. No todos los niños tienen el mismo ritmo de aprendizaje, pero si detectamos varios de estos signos de alerta, no estaría de más consultar con un especialista, psicólogo o psicopedagogo, para descartar cualquier dificultad o, en el caso de que la hubiera, ponerle remedio lo antes posible.

El límite para empezar a actuar al respecto se sitúa alrededor de los cinco años. Obviamente se trata de una respuesta preventiva, precisamente por ello muy aconsejable, ya que evitará que la situación se complique, nuestro hijo pierda el ritmo de aprendizaje escolar y tengamos que recurrir a costosas reeducaciones.

Soluciones prácticas

A continuación vamos a ver cómo descubrir si tu hijo/a tiene algún problema y qué hacer para ayudarle. Por ejemplo, ¿habla mal?, ¿tiene problemas para pronunciar algunas letras? Si ése es el caso, no te preocupes; el ceceo y el seseo se consideran normales hasta los cinco años. A esa edad suele darse el punto de inflexión de muchos aspectos del desarrollo del niño, como ya veremos.

Las dificultades o el retraso en la aparición del lenguaje se deben en la mayoría de los casos a problemas tan sencillos como un tapón de cera o una otitis que impiden una correcta audición y por tanto no pueden imitar correctamente algunos sonidos.

Sin embargo, si a un niño le cuesta leer y escribir, hay que ponerse manos a la obra sin mucha tardanza y descubrir qué se esconde tras esta dificultad. Una de las alteraciones más frecuentes es la dislexia, pero, ojo, no hay que confundirla con los errores típicos del proceso de aprendizaje.

Los niños, cuando están aprendiendo, pueden confundir la derecha con la izquierda, la p con la q y la b con la d. Invierten algunos números y a menudo si son zurdos escriben en espejo. Estos errores no significan nada en sí mismos, forman parte de un proceso de ensayo/error que van superando paulatinamente. Hay que darles un margen; no todos los niños aprenden a leer con la misma rapidez.

La dislexia consiste en un retraso de dos años en el aprendizaje de la lecto-escritura respecto a lo que le correspondería a su edad, que no afecta a otras áreas. Son niños especialmente brillantes en matemáticas y suelen ser zurdos. A menudo, la dislexia se confunde con problemas de lateralidad.

¡Einstein era disléxico!

- La dislexia suele ser hereditaria, y la padecen más niños que niñas y más zurdos que diestros.
- Actualmente la ley permite que estos niños lleven a cabo exámenes orales en lugar de escritos.

La dislexia se puede remediar a través de una reeducación multisensorial —la más conocida es la Orton-Gillingham. A la vez, hay que fomentar, con pequeños trucos, la autoestima. Les ha de quedar claro que no son tontos, que destacan en otras áreas y que superarán esta dificultad con la ayuda pertinente, igual que al miope cuando le ponen las gafas.

¿Es zurdo o tiene problemas de lateralidad?

La cuestión que encabeza este apartado es un tópico muy extendido que tiene un fundamento científico, aunque no se pueda dar por válido, ya que hay niños muy listos zurdos y diestros, otros que no lo son tanto, indistintamente de su dominancia manual, y niños zurdos o diestros sin problemas de lateralidad.

¿Qué significa que un niño sea zurdo o diestro?, te preguntarás. Lo que se ve a simple vista es que eligen una u otra mano para hacer las cosas que le exigen una mayor precisión: comer, cortar, escribir, coger algo... Ello implica una organización cerebral determinada. El control motor de la parte izquierda del cuerpo lo domina el hemisferio derecho y el de la parte derecha el hemisferio izquierdo.

Pero, atención, no se es zurdo o diestro sólo de manos, también se es de pies, ojos y oídos. Esto es muy importante porque para que todo vaya bien es necesario que esta dominancia lateral sea homogénea; es decir, que coincidan ojos, manos, pies y oídos. Cuando no es así empiezan los problemas. Es lo que se llama lateralidad cruzada.

Situaciones cotidianas

María, de cinco años, ha empezado el colegio y este año le toca empezar a leer y escribir. Pero a ella no le gusta y va muy lenta. A la que te despistas, ya está jugando con sus muñecas. Le ha costado mucho decidir con qué mano lo hace mejor, y, aunque parece que es diestra, su madre no lo tiene del todo claro, porque no todo lo hace con esta mano, sino que corta, por ejemplo, con la izquierda.

¿Cómo podemos averiguar entonces si nuestro hijo es zurdo o diestro?

El siguiente test de dominancia lateral, que podemos hacer cómodamente en casa, nos sacará de dudas. La respuesta la encontrarás observando, durante diez días, el número de veces que hace las siguientes cosas con la derecha o con la izquierda:

— Coger el teléfono.
— Escuchar con una vaso al revés.
— Cortar con tijeras.
— Pinchar la comida.
— Escribir.
— Dibujar.
— Tirar una pelota y cogerla al vuelo.
— Chutar una pelota con el pie.
— Subir una escalera (cuál es el pie que pone primero).
— Mirar por el ojo de una cerradura.
— Hacer una foto (observa cuál es el ojo que guiña).

Tercera parte

7-10 años: Etapa escolar

De tú a tú

Ésta es una de las etapas más tranquilas, del crecimiento infantil, en el que el gran protagonista es la escuela, donde deberán enfrentarse con los estudios en serio —¡un nuevo reto para ellos!—. Cambian las perspectivas y cambia nuestra forma de tratar a este niño nuevo, más responsable y autónomo.

Atrás han quedado las noches sin dormir, las pataletas, los llantos nocturnos... y aparecen en escena los deberes, las actividades extraescolares, el quedar con los amiguitos después del cole...

Los padres empiezan a respirar tranquilos, parece que todo va sobre ruedas. Los hijos comienzan a ser autónomos y no te necesitan para todo. Empiezan a tener sus propias opiniones y puedes compartir con ellos muchas cosas. Inundan la casa con sus risas, juegos y amigos.

Niños estresados

Los horarios, los madrugones, los deberes y las nuevas y serias responsabilidades respecto a sus estudios ejercen una presión extra en la vida del niño, que se siente agobiado por todas estas exigencias.

Tras las vacaciones escolares, en las que los niños viven relajados y duermen a pierna suelta sin horarios ni obligaciones llegan las responsabilidades, las prisas, ir siempre corriendo para no llegar tarde. Es relativamente normal, pues, que se estresen.

Signos de alerta

Si quieres saber si tu hijo/a sufre estrés, plantéate los siguientes puntos y empieza a preocuparte cuando:

— Ya había superado sus problemas con el sueño y vuelve a tener pesadillas.
— Apenas come o se pasa el día picando.
— Le cuesta levantarse por la mañana.
— Se le escapa el pipí por la noche antes de un examen o una tarea importante.
— Llega a casa muy cansado después del cole.
— No tiene ganas de salir, sólo quiere estar en casa.
— Tarda horas en hacer los deberes y todo le parece muy difícil.

Soluciones prácticas

No lo sobrecargues de actividades extraescolares, organízalo de manera que tenga tiempo para desconectar y jugar en casa tranquilo con sus cosas, sin prisas. El ir cronometrado todo el día agota al más pintado.

Los niños también se estresan. Hoy en día acuden muchos niños a la consulta del psicólogo porque los han etiquetado de hiperactivos, sus padres no saben qué hacer con ellos y los profesores se quejan...

Sin embargo, en muchos casos, lo único que ocurre es que están estresados. Esta palabra no quiere decir nada malo, sino simplemente que son niños que van pasados de vueltas; es decir, no duermen lo suficiente, no tienen tiempo para estar en casa tranquilos, jugando con sus cosas y van de un lado para otro, asfixiados, con un montón de actividades extraescolares.

Les suele faltar atención, sienten que se les quita del medio, que no sirven para nada bueno, ya que se les regaña constantemente... Y, cuando se entra en este círculo vicioso, normalmente no es fácil salir. Por eso se han de tomar cartas en el asunto e impedir que la cosa vaya más lejos.

El ritmo de vida actual suele acelerar a los niños porque les obliga a separarse o a enfrentarse a situaciones inquietantes antes de lo debido. Las prisas, por otra parte, no afectan sólo al bienestar emocional del niño, sino también al físico. Los pequeños reciben esta aceleración como una agresión hacia ellos, una prueba de que no importan mucho a los padres.

En la vida de los niños, ya desde muy pequeños abundan las situaciones y los factores causantes de estrés. Los niños también tienen un límite y éste se sitúa entre 150 y 300 momentos de tensión al año. Es fácil detectarlo si estamos atentos, ya que empezaremos a notar algunos síntomas evidentes, en los que se aprecia un cambio conductual asociado a trastornos fisiológicos, como insomnio, pesadillas, enuresis, dificultad para concentrarse, mal comportamiento escolar, etcétera.

Situaciones cotidianas

Veamos el caso de Lucas, un niño que acaba de pasar a segundo de primaria y se levanta ya agotado. El exceso de tareas escolares le desborda. Pero también las exigencias maternas le presionan y le hacen sentirse inseguro.

Su madre, sin quererlo, le transmite sus nervios. Ella necesita que su hijo tenga buenos resultados escolares para demostrarse a sí misma que es buena madre. Para Lucas es estresante estar siempre en el punto de mira, no consigue hacer nada bien. Quiere agradar a sus padres, pero no sabe cómo hacerlo.

Es importante tener en cuenta que aprender significa equivocarse, ensayar, practicar una y otra vez para aprender de los propios fallos. Si no admitimos los errores, no se puede aprender.

Veamos también el caso de Álex, cuyos padres trabajan fuera los dos. Álex asiste a una guardería privada y todas las mañanas lo dejan en casa de un vecino, porque sus padres se marchan muy temprano. El vecino lo prepara para cuando pase la persona que lo recoge y lo lleva a la guardería antes de las nueve.

Al final del día el proceso se repite a la inversa, y cuando el niño llega a casa, ha pasado casi doce horas fuera y se ha tenido que adaptar a una larga serie de personas y lugares diferentes. Es todo un esfuerzo para un niño de apenas dos años recién cumplidos. Álex tiene que recurrir a todas sus reservas de energía para soportarlo.

Lógicamente, en la escuela es un tanto quejica y revoltoso. Parece no tener demasiado interés por jugar con los otros niños. A menudo se limita a mirar al vacío sentado en un rincón; está al borde de su resistencia y acusa el continuo esfuerzo de adaptación.

Debemos tener muy en cuenta que dejarlos al cuidado de una u otra persona todos los días, esperar mucho de ellos, forzarles en el aprendizaje escolar... es en cierto modo una forma de rechazo. Es rechazar la forma en que ellos se ven a sí mismos; es decir, no tener en cuenta su dependencia de nosotros.

Ha suspendido: ¿son tan importantes las notas?

Todos los padres queremos que nuestros hijos sean los más guapos, los más listos, los mejores, pero bastantes veces nuestros deseos no coinciden con la realidad. A veces no nos «salen» buenos estudiantes, por ejemplo, precisamente en una sociedad tan competitiva como la nuestra, donde abundan los másters y los más jóvenes hablan idiomas.

Los suspensos en nuestros tiempos suelen ser un drama para los niños, pero sobre todo para los padres, que ven frustradas las expectativas de futuro que tenían para sus hijos. En nuestra sociedad actual, tan competitiva, se valora el buen currículum estudiantil, tener una carrera universitaria y el triunfo profesional. Un suspenso es una mancha en el historial del niño, y de alguna manera parece que los padres también han fracasado.

Las escuelas y los profesores se quejan de la falta de hábitos en los niños y culpan a las familias. Éstas, por otra parte, suelen delegar esa responsabilidad en el ámbito escolar. Mientras se mantienen estas batallas dialécticas, el fracaso escolar sigue aumentando.

El porcentaje de escolares que deja los estudios sin concluir el ciclo crece año tras año. De tal manera que España se sitúa a la cola en su sistema educativo frente a los países de la Unión Europea. Se constata un fuerte deterioro de la enseñanza. En el último informe de la Comisión Europea se confirma que los estudiantes que acabaron secundaria pasaron a ser de un 62,7 % al 61,8 % este curso.

Pero ¿cuál es el problema, qué pasa en las aulas, qué pasa con los niños? Lo que ocurre en cierto modo es que el listón está demasiado alto y pocos niños quieren esforzarse. Los valores que se les transmiten a través de los medios de comunicación audiovisual no son, precisamente, los de: «Esfuérzate y conseguirás una vida mejor», sino los de: «Cuélate en algún programa de televisión y hazte famoso.»

Por eso, respecto a nuestros hijos y el colegio hay que estar atento para prevenir situaciones que pueden convertirse en algo serio si no las paramos a tiempo. Ya sabéis que, en cierto modo, es su futuro el que está en juego.

Signos de alerta

Como dijimos en el apartado «Despacito y buena letra», la situación requiere atención cuando:

— Le cuesta más de lo normal aprender a leer y a escribir, confunde letras y números, los invierte o escribe en espejo a pesar del empeño que pone en hacerlo bien.
— No se orienta bien en el espacio, confunde derecha e izquierda:
— Las secuencias temporales son su pesadilla: el orden, lo que va primero y lo que va último.
— Tiene dificultades para cumplir órdenes complejas, como: «Ve a buscar el plumier a tu habitación y luego coge el rotulador que está en la mesa del pasillo.»
— Se distrae con mucha facilidad, incluso viendo su serie favorita de dibujos animados.

Si nuestro hijo o hija no va bien en el colegio, antes de echarnos las manos a la cabeza y actuar sin pensar, intentemos averiguar por qué sucede. Las causas pueden ser varias:

— Su nivel de desarrollo intelectual está por debajo de la media.
— Presenta alguna problemática específica de aprendizaje: hiperactividad, trastorno de concentración, dislexia...
— No conecta con el profesor/a.
— No se siente integrado/a en el grupo o clase.
— Tiene algún problema afectivo: celos, un bache emocional.
— Está bloqueado/a por un problema de autoestima.

Es importante solicitar un buen diagnóstico diferencial a un equipo profesional de psicopedagogía para saber a qué atenerse y descartar cualquier alteración. Pero no olvidéis que la información la tienen los padres, nosotros somos los que mejor podemos averiguar qué ocurre y pensar cuál es el detonante de la situación.

Soluciones prácticas

Si tu hijo tiene dificultades en el colegio, puedes contribuir a que estudie más. Esto requiere un entrenamiento. Sigue las siguientes estrategias para ayudarlo:

- Destina un espacio acogedor, con la luz adecuada y sin excesivos ruidos para que pueda hacer los deberes a gusto y se concentre. Si no se tienen las condiciones adecuadas, se pierde el doble de tiempo para una tarea, así que no permitas que estudie o haga los deberes frente al televisor o en la cocina.
- Evita interrupciones: teléfonos, televisión, visitas.
- Colabora con él en lugar de controlarlo. Espera a que sea él quien solicite tu ayuda; no te conviertas en un sabueso exigente.
- Siéntate con él a ordenar facturas o revisar tu agenda de teléfonos, así crearás un mejor ambiente de estudio.
- Estimula su atención con juegos de observación, en el coche o cuando vas de paseo con él. Así le acostumbras a fijarse en los detalles y a relacionarlos entre sí.
- Enséñale a escuchar. Cuéntale cuentos, tanto leídos como inventados, atrae su atención y pregúntale sobre lo que pasa en la historia que estáis disfrutando.
- Alienta su iniciativa y curiosidad.
- Para entrenar la capacidad de observación, nada mejor que el veo-veo... con los ojos cerrados. De esta manera trabajamos la memoria visual y la imaginación. Luego vamos aumentando la dificultad progresivamente. «¿Quién se ha fijado de qué color eran los zapatos del vecino?»
- Trabaja sus cualidades deductivas. El ajedrez o las damas pueden ser buenos aliados. Implican una excelente gimnasia mental.
- La música también nos puede ayudar, es un lenguaje complejo que activa partes nuevas de nuestro cerebro. Aprender canciones, tan-

to la música como la letra, y completar la parte muda al apagar el reproductor, sirve también para estimular la rapidez de reflejos.

Has de saber, por otra parte, que el niño no utiliza todo el potencial del que dispone hasta que entra en conflicto con sus esquemas de respuesta. El crecimiento de la inteligencia surge a partir de una situación nueva que nos enfrenta con un problema para el que no tenemos solución. No sabemos qué hacer, no nos lo han enseñado... pero podemos pensar y descubrir la solución por nuestros propios medios.

Esta situación es la que más asusta a los niños en edad escolar, que les pregunten algo que no sepan o no se hayan estudiado y tengan que improvisar. Les asusta porque no confían en sus posibilidades de crecimiento e inventiva. Utilizar un nuevo circuito de los que tenemos preparados pero todavía no hemos utilizado produce inseguridad.

«¿Lo haré bien?» «¿Será ésta la respuesta correcta?» Este conflicto hace que el niño ponga en funcionamiento aquellos recursos que conectamos cuando era pequeño, aprenda cómo aplicarlos a la realidad, asimile su funcionamiento y los incorpore a su repertorio de nuevas estrategias.

Ahora su inteligencia ha crecido, ha aprendido algo, ha dado un paso más en su desarrollo mental y, de paso, si el resultado es satisfactorio para él, empieza a confiar un poco más en sus posibilidades.

Es muy importante enseñar a los niños a pensar, a entender las cosas, no a recitarlas de memoria. Si las comprenden, las podrán explicar de varias formas diferentes y no las olvidarán. Por el contrario, si sólo las memorizan, volverán al olvido una vez utilizadas.

Estrategias ante las dificultades escolares

- Si el niño no va bien con el modo en que se organiza o estudia, no le obligues a estrellarse una y otra vez contra el mismo muro. Planifica un cambio.
- Si el problema es la falta de motivación, implícate con él. No le riñas.
- Si tu hijo saca malas notas, no te evadas y digas que es un vago; enfréntate al problema.

- Si no quiere ir al colegio y se encuentra mal a menudo, no hagas oídos sordos. Algo está pasando.
- Si está desbordado de deberes y parece que nunca los va a acabar, no solucionas nada si los haces por él. Habla con el profesor y dale otra oportunidad.
- Si se queda en blanco, ayúdale a pensar y a confiar en sí mismo.

¡Ponte las pilas!

No dejes para mañana lo que puedas hacer hoy.

— Busca el colegio adecuado para él. El mejor colegio no es el más caro, sino el que mejor se adapte a las cualidades y forma de ser de tu hijo.
— Cambia sus hábitos, elimina las distracciones.
— Establece una rutina adaptada a su manera de ser.
— Ponte a su nivel. Ayúdale en lugar de exigirle. Siéntate a su lado y guíale; todavía es pequeño. Si compartes con él su trabajo, se le hará menos pesado.
— Sé un ejemplo para él. Los niños son grandes imitadores. Difícilmente se pondrá a hacer los deberes si tú estás apalancado/a en el sofá. No le pidas algo que tú eres incapaz de hacer.
— Haz de tu hijo/a una persona responsable. Ayúdale a enfrentarse a la situación, no le salves la papeleta siempre. Olvídate de escribir notas de disculpa; sólo empeoras las cosas.
— Elogia sus logros.
— No le atosigues ni le impongas tu ritmo.
— Olvida compararlo con su ídolo; cuanto más le humilles peor.
— Enséñale a aprender.

¿Hay distintos ritmos de aprendizaje? Averígualo

Los profesores del niño se quejan constantemente de su comportamiento, se distrae, molesta a los demás, interrumpe el ritmo de la clase con sus preguntas, pero saca unas notas excelentes. Los padres, sorprendidos, constatan que además en casa no lo ven estudiar nunca, y los deberes se los pule en un santiamén.

Pueden pasar dos cosas con este niño o niña. Que vaya más rápido en la adquisición de los aprendizajes o que su nivel de capacidad intelectual sea superior a lo normal para su edad, o que, por edad, esté en un grupo inferior. ¿Cómo averiguarlo?

Primero hay que distinguir entre memoria y capacidad de razonamiento. No es lo mismo ir de prisa que ser listo, y de nada vale llegar el primero si no tenemos fuerza de voluntad para saber llegar cuando hay obstáculos.

Tener una gran capacidad intelectual no es ni bueno ni malo en sí, depende del partido que le saquemos. Si no nos esforzamos y nos dormimos en los laureles, porque pensamos que con ser listo ya lo tenemos todo hecho, descubriremos que, a la larga, nos pasarán la mano por la cara otros menos afortunados pero con más esfuerzo y voluntad.

Objetivo

Es de primordial importancia que no se sienta un bicho raro, por lo que no es aconsejable cambiarlo de escuela, sino ayudarlo a que se adapte.

Sólo es un niño. No lo sobreestimules ni le exijas mucho

¿Cuál es nuestro objetivo? La reciente iniciativa del Ministerio de Educación de adelantar la edad del aprendizaje de la lectura a los tres años ha suscitado ciertos debates entre los defensores de la estimulación precoz y los que opinan que a los niños no se les debe agobiar antes de hora.

La responsabilidad básica de la educación de los niños, evidentemente, recae en los padres, y, según estudios sociológicos, en las últimas generaciones, éstos se han tomado más en serio la educación de sus hijos. Este cambio de actitud es consecuencia en gran parte de la cantidad de recursos y preparación intelectual de los padres de hoy en día.

Sin embargo, la otra cara de la moneda es el sentimiento de culpa emergente que esta presión psicológica ejerce sobre los padres. Éstos suelen preguntarse: «¿Lo estamos haciendo bien?», «¿Hacemos lo suficiente?», «¿Los estamos agobiando con tantas actividades?», «¿Les exigimos demasiado?», «¿Podremos darle la oportunidad para que encuentre su propia vocación?».

Como habéis podido comprobar a lo largo de estas páginas, nuestro objetivo no es sobreestimular al niño simplemente para que sea más inteligente, sino seguir el ritmo del desarrollo del niño y proporcionarle el ambiente necesario —a través del juego, la interacción y la implicación de los padres— para que esté en su mano potenciarlo o no. Hay que estar con ellos, observarlos, y ayudarles en su camino. No hacerlo sería como no tenderle la mano a un niño que está empezando a andar y busca tu apoyo para soltarse y hacerlo solo.

Los últimos descubrimientos sobre el desarrollo intelectual demuestran que el cerebro de los niños está preparado desde muy temprana edad para recibir estímulos que van a repercutir directamente en sus aptitudes de adulto. Por ejemplo, a los dos años, existe ya un grado de mielinización del cuerpo calloso cerebral —las fibras nerviosas que unen los dos hemisferios cerebrales y permiten la coordinación entre las funciones que realizan ambas partes del cerebro— suficiente para que un crío de esta edad empiece a aprender a leer.

Es decir, desde el punto de vista neurológico no existe ninguna razón para postergar el aprendizaje de las funciones de lecto-escritura. Similares procesos tienen lugar con otro tipo de estímulos intelectuales como la comprensión musical, el conocimiento de los idiomas y las habilidades matemáticas.

Se sabe que las conexiones entre las células nerviosas responsables de dar significado a los fonemas son tremendamente flexibles en la infancia, pero mucho más rígidas en edades posteriores. La razón por la que cuesta tanto aprender un idioma extranjero de mayor es que esas conexiones se han adaptado a las frecuencias de sonido propias de la lengua materna.

El español se expresa en una frecuencia de sonidos próxima a los 300 hertzios, mientras que el inglés lo hace a unos 1.200. Si acostumbramos a los niños a escuchar diferentes gamas sonoras relacionadas con distintos idiomas desde muy pequeños, su capacidad para aprender diferentes lenguas aumentará. Esta técnica ya se utiliza en algunos vídeos para bebés, como *Baby Einstein*, con juegos y canciones para compartir con los niños.

Este tipo de descubrimientos científicos ha ocasionado un aumento del interés educativo, tanto por parte de los padres como de los educadores. Los niños de este nuevo siglo recibirán una gran cantidad de estímulos para desarrollar cada parte del cerebro, incluso desde antes de nacer.

Toda esta avalancha de productos educativos puede crear cierta confusión, pero, atención, tengamos siempre presente nuestro objetivo. Darle oportunidades de desarrollo no significa entrar en una carrera sin fin para conseguir que nuestro hijo sea el mejor y lo haga todo antes que los demás, para demostrar, por cierto, lo buenos padres que somos.

Hemos de pensar que todo el material disponible, vídeos o DVD especializados, para bebés, CD, cuentos, cursos de estimulación psicomotriz, acuática, musical, etc., pueden ser fantásticos, dependiendo de cómo se utilicen. No hay nada bueno o malo en sí mismo; siempre dependerá del motivo por el cual queréis que vuestro hijo haga una cosa u otra.

Si apuntáis a vuestro hijo a música porque os va fenomenal, está al lado de casa y así, mientras tanto, hacéis algún recado, estáis aparcando al niño, y el efecto sobre él será nefasto, aunque sea la mejor escuela de música del mundo. Lo mismo que si le ponéis el último vídeo de estimulación para que os deje tranquilos un rato. ¿Por qué?, os preguntaréis. Es muy sencillo; porque los niños no son tontos y estos detalles los detectan en seguida. Se sienten apartados, rechazados... obligados a hacer una actividad que los mantiene alejados de sus padres.

Hemos de tener presente, además, que el ambiente en el que se desenvuelven los niños hoy en día es muy pobre. Las grandes ciudades limitan el contacto personal, no hay niños jugando por las calles, ni estímulos de la naturaleza y los padres están estresados, trabajando todo el día y de un lado para otro.

Los niños se pasan el día pegados a la televisión, delante de las máquinas de realidad virtual o en Internet... buscando ese contacto humano. El hombre es un ser social y requiere la interacción real para comunicarse y desarrollarse como persona. Sin la motivación, los juegos y las risas de los niños, ya podemos olvidarnos de la parte intelectual. No se puede estimular la inteligencia de los niños si no se sienten queridos y motivados.

Lo importante es buscar juntos aquellas actividades que creemos que les harán disfrutar, y aprender de manera compartida. Y, por supuesto, no hay que ser nunca un obstáculo ni frenar sus iniciativas. Si los niños preguntan, hay que responderles y olvidarnos de aquello de: «Esto no te toca todavía... Ya te lo explicaré cuando seas mayor.»

Por otra parte, el aprendizaje en la actualidad está orientado a exprimir al máximo las virtudes de una cultura basada en la información visual. Es tarea, pues, de los padres compensar este exceso de lo visual con juegos que estimulen la imaginación y que se transmitan oralmente, como explicar cuentos, jugar al veo-veo, etcétera.

Actividades extraescolares. Cuáles y cuántas

Las actividades extraescolares son un gran alivio para los padres, ya que les permite tener a los niños ocupados y entretenidos mientras ellos acaban sus largas jornadas laborales. Sin embargo, es importante no sobrecargarlos en exceso, ya que nuestros hijos también necesitan su tiempo de desconexión.

Las actividades lúdicas tienen una gran virtud y es que nos permiten compensar a nuestro hijo/a con algo agradable. Otra de sus mayores utilidades es que sirven para que amplíe horizontes. En ese caso, deberemos elegirlas en función de su carácter:

— Si es tímido/a, le irá bien el teatro o los deportes en equipo.
— Si es demasiado patoso/a, le conviene hacer natación o psicomotricidad.
— Si es agresivo/a, las artes marciales son muy adecuadas para que aprenda a controlar sus impulsos.
— Si es artista, disfrutará con el dibujo o la pintura.
— Si le falta destreza manual, le irá bien hacer barro o manualidades.
— Si tiene oído musical, puede tocar un instrumento o bailar.

Objetivo

Se trata de ayudarle a compensar su educación, que no sólo reciba contenidos académicos, sino que sea estimulado/a en otros aspectos también importantes para su desarrollo, que le convengan, incluso, o le vayan bien con su carácter y aptitudes.

Signos de alerta

Las actividades extraescolares no le van bien si:

— No tiene tiempo para nada.
— Al llegar a casa, es demasiado tarde para hacer los deberes.

Le llaman Dumbo: ¿es acoso escolar? El *bullying*

Según las últimas encuestas, el maltrato psicológico en los colegios de nuestro país está subiendo como la espuma. Las cifras son escalofriantes. Según el informe Cisneros VII, de septiembre del 2005, uno de cada cuatro niños españoles lo sufre.

Esta clase de maltrato psicológico se gesta en el ámbito familiar o social y se manifiesta en las aulas. Una de las características principales es la clandestinidad. Se rodea de chantajes emocionales a los compañeros para que nadie se «chive». Es la «ley del silencio» como mecanismo de supervivencia. Aparece entre los siete y los nueve años y se agudiza a los 13-15.

¿Cómo podemos diferenciar las típicas bromas de colegio de lo que es acoso infantil?, te preguntarás. Podrías pensar que si a tu hijo le dan motes un poco crueles —lo llaman «Dumbo», «gafotas»—, ya le están acosando. Sin embargo, las bromas de mal gusto, aunque no son de recibo, son sólo eso, bromas. No hay que frivolizar con este tipo de problemas y se debe diferenciar entre una cosa y la otra.

El *bullying* es algo bastante más serio, que consigue anular por completo al niño que lo está sufriendo. En el acoso ha de haber intención de hacerle daño a la víctima y se la ha de someter a una presión vejatoria continuada.

Las conductas de hostigamiento han de ser sistemáticas y le han de ocasionar a quien las padece una disminución de su capacidad de reacción, minando su resistencia y afectando gravemente a todos los aspectos de su vida: social, emocional, familiar, al rendimiento escolar...

Suele ser determinante, además, el síndrome del domingo por la tarde. Todos los domingos, de forma habitual, el niño afectado se queja de dolor de barriga, de cabeza, cree estar resfriado. Cualquier excusa le sirve para evitar ir al colegio al día siguiente. Estos síntomas son reales e inconscientes. Sólo en un bajo porcentaje de los casos se atreven a verbalizar directamente que no quieren ir al colegio.

Objetivo

Para evitar que tu hijo lo sufra o lo inflija, se ha de fomentar el diálogo abierto. Es importante desterrar la idea del chivatazo y acabar con la ley del silencio. Si todos nos unimos, no pueden hacernos nada. Ésta es la idea que hay que inculcarles.

Signos de alerta

Preocúpate si observas que tu hijo es objeto de:

— Comportamientos de desprecio y ridiculización.
— Coacciones.
— Restricciones en la comunicación y ninguneo.
— Agresiones verbales, insultos.
— Intimidaciones y amenazas.
— Exclusión y bloqueo social.
— Humillación pública, maltrato psicológico.
— Robo, extorsión, chantaje...

Estas actitudes no se suelen materializar todas a la vez, pero hay que estar alerta si algunos comentarios del niño nos llaman la atención, se detectan alteraciones en su comportamiento, descenso del rendimiento escolar, estado de ánimo bajo, ansiedad, sentimiento de culpa y de miedo.

Observa a tu hijo un poco más si te dice frases del tipo: «Es que no me dejan jugar», «Me gritan», «Me esconden las cosas», «Me hacen quedar en ridículo». Podría estar siendo objeto de acoso o empezando a serlo.

Has de saber, además, que el acoso escolar se manifiesta de diferente forma en niños y niñas. Ellos con fuertes agresiones, incluso físicas; ellas con sutiles difamaciones.

El perfil del acosador, por otra parte, es el de un niño con baja autoestima, nula tolerancia a la frustración, rabia contenida, envidia, y necesidad de demostrar su fuerza para mitigar su sentimiento de inferioridad.

Soluciones prácticas

Para detectar el acoso a tiempo hay que escuchar y observar a nuestros hijos. Si nos parece que está siendo acosado/a, lo primero que hay que hacer es hablar con el colegio, con los profesores, y exponer el caso. Debemos, sobre todo, ponernos en manos de psicólogos y pedagogos para asesorarnos y ayudar a nuestro hijo o hija a superar con éxito esta situación.

Una vez estemos en el camino de buscar soluciones, hay que evitar culpabilizar al niño. Y, en algunas ocasiones, por cierto, no queda más remedio que cambiar al niño de escuela. El miedo puede generalizarse y le puede costar salir de esta situación. Los aires nuevos siempre son bien recibidos.

> Es importante evitar comentarios del tipo: «¡A ver si aprendes a defenderte!»

Para acabar con el acoso se debe actuar desde una doble vertiente. Por una parte, hay que darle a la víctima estrategias de respuesta defensiva sin violencia, pero sin miedo, respaldado por sus compañeros. Por otra, ayudar a los compañeros a entender que si lo permiten de forma silenciosa, se están convirtiendo en cómplices, y esto es bastante peor que denunciarlo.

A los niños y niñas hay que enseñarles la diferencia entre denunciar una injusticia y «chivarse». Es importante poner el tema encima de la mesa y concienciar en las aulas de la gravedad del problema. Si todos los compañeros/as actúan unidos, son más fuertes que cualquier acosador.

Situaciones cotidianas

Hoy en día, debido al bajo nivel de diálogo y el exceso de trabajo y preocupaciones, es posible que una situación de acoso se nos pase por alto. Éste es el caso de Álex, un chaval de 10 años con un buen nivel académico, que empezó a sufrir humillaciones y chantajes por parte de un compañero.

Álex es un chico muy válido y con fuerte personalidad, pero el acosador era mayor que él y conseguía que se sintiera culpable de ser como era y de tener lo que tenía. Le sometía a una extorsión constante en el patio del colegio.

Álex no se atrevía a decírselo a nadie y menos en casa. Comenzó a desarrollar conductas de evitación el domingo por la tarde. Aparecieron dolores de barriga, cada vez más fuertes, y vómitos recurrentes, con la consecuente pérdida de peso y malestar general.

Este cuadro clínico obligó a los padres a una peregrinación por médicos y especialistas, que mantuvo a Álex alejado de las aulas durante un par de meses. Sin embargo, los médicos no fueron capaces de dilucidar qué le pasaba.

No respondía a ningún tratamiento convencional. Estuvo ingresado en la unidad de aparato digestivo y no hallaron ninguna causa a los fuertes vómitos que sufría.

Hasta que, un día, la doctora especialista del aparato digestivo le aconsejó que fuera al psicólogo.

Álex estuvo en tratamiento psicológico durante más de dos meses hasta que fue capaz de verbalizar la verdadera causa del problema de la que ni siquiera él era consciente. Su problema no eran los chantajes o humillaciones a los que se veía sometido, sino la vergüenza que sentía y la impotencia para reaccionar.

Su gran problema, por otra parte, era que no se atrevía a contárselo a su padre. No sabía cómo explicarle que él no era capaz de defenderse, que no estaba a la altura de las expectativas que él había depositado sobre sus hombros infantiles. Éste era el peso que arrastraba: no cumplir con las expectativas que su padre tenía hacia él, defraudarle. No podía «tragarse» esa humillación y por eso vomitaba una y otra vez.

Una vez desentrañado el nudo del problema la solución vino sola. Se habló con el padre, se le preparó para que tuviera una reacción sostenida y comprensiva. Pero no hizo falta llegar a eso. Sólo saber que su padre ya lo sabía y que no había pasado nada tranquilizó al niño y empezaron a remitir los vómitos. Éste es un caso tan sorprendente como real. Como siempre, la realidad supera con creces la mejor de las ficciones.

Bullying

	Señala con qué frecuencia se producen estos comportamientos en el colegio	Nunca 1	Pocas veces 2	Muchas veces 3	A	B	C	D	E	F	G	H
1	No me hablan	1	2	3								
2	Me ignoran, me hacen el vacío	1	2	3								
3	Me ponen en ridículo ante los demás	1	2	3								
4	No me dejan hablar	1	2	3								
5	No me dejan jugar con ellos	1	2	3								
6	Me llaman por motes	1	2	3								
7	Me amenazan para que haga cosas que no quiero	1	2	3								
8	Me obligan a hacer cosas que están mal	1	2	3								
9	Me tienen manía	1	2	3								
10	No me dejan que participe, me excluyen	1	2	3								
11	Me obligan a hacer cosas peligrosas para mí	1	2	3								
12	Me obligan a hacer cosas que me ponen malo	1	2	3								
13	Me obligan a darles mis cosas o dinero	1	2	3								
14	Rompen mis cosas a propósito	1	2	3								
15	Me esconden las cosas	1	2	3								
16	Roban mis cosas	1	2	3								
17	Les dicen a otros que no estén o que no hablen conmigo	1	2	3								
18	Les prohíben a otros que jueguen conmigo	1	2	3								
19	Me insultan	1	2	3								
20	Hacen gestos de burla o desprecio hacia mí	1	2	3								
21	No me dejan que hable o me relacione con otros	1	2	3								
22	Me impiden que juegue con otros	1	2	3								
23	Me pegan collejas, puñetazos, patadas...	1	2	3								
24	Me chillan o gritan	1	2	3								
25	Me acusan de cosas que no he dicho o hecho	1	2	3								
26	Me critican por todo lo que hago	1	2	3								

	Señala con qué frecuencia se producen estos comportamientos en el colegio	Nunca 1	Pocas veces 2	Muchas veces 3	A	B	C	D	E	F	G	H
27	Se ríen de mí cuando me equivoco	1	2	3								
28	Me amenazan con pegarme	1	2	3								
29	Me pegan con objetos	1	2	3								
30	Cambian el significado de lo que digo	1	2	3								
31	Se meten conmigo para hacerme llorar	1	2	3								
32	Me imitan para burlarse de mí	1	2	3								
33	Se meten conmigo por mi forma de ser	1	2	3								
34	Se meten conmigo por mi forma de hablar	1	2	3								
35	Se meten conmigo por ser diferente	1	2	3								
36	Se burlan de mi apariencia física	1	2	3								
37	Van contando por ahí mentiras acerca de mí	1	2	3								
38	Procuran que les caiga mal a otros	1	2	3								
39	Me amenazan	1	2	3								
40	Me esperan a la salida para meterse conmigo	1	2	3								
41	Me hacen gestos para darme miedo	1	2	3								
42	Me envían mensajes para amenazarme	1	2	3								
43	Me zarandean o empujan para intimidarme	1	2	3								
44	Se portan cruelmente conmigo	1	2	3								
45	Intentan que me castiguen	1	2	3								
46	Me desprecian	1	2	3								
47	Me amenazan con armas	1	2	3								
48	Amenazan con dañar a mi familia	1	2	3								
49	Intentan perjudicarme en todo	1	2	3								
50	Me odian sin razón	1	2	3								
	Suma total (I):	Subtotales:										

Instituto de Innovación Educativa y Desarrollo Directivo
www.acosoescolar.com
Profesores Iñaki Piñuel y Araceli Oñate (2005)

Instrucciones para la corrección

Índice global de acoso (M)

Para obtener la puntuación directa en la escala M, debe sumar la puntuación obtenida entre las preguntas 1 a 50:

- 1 punto si ha seleccionado la respuesta Nunca (1 = Nunca)
- 2 puntos si ha seleccionado la respuesta Pocas veces (2 = Pocas veces)
- 3 si ha seleccionado la respuesta Muchas veces (3 = Muchas veces)

Debe obtener un índice entre 50 y 150 puntos.

Escala de intensidad de acoso (I)

Para obtener la puntuación directa en la escala I debe sumar 1 punto cada vez que entre las preguntas 1 y 50 el niño ha seleccionado la respuesta 3 (3 = muchas veces).

Debe obtener un índice entre 1 y 50 puntos.

Escalas A-H

Traslade a los espacios en blanco a la derecha del test la cifra correspondiente a cada una de las preguntas de 1 a 50.

Sume las puntuaciones por columnas para obtener la puntuación directa.

Dependiendo de cada escala obtendrá indicadores diferentes; por ejemplo, en la escala A debe obtenenr una puntuación entre 19 y 51 puntos y así sucesivamente.

Para todas las escalas

Transforme la puntuación directa con la ayuda del baremo que se presenta a continuación para establecer el tipo de riesgo que presenta de Acoso Escolar.

Representa gráficamente el resultado obtenido en las 10 escalas de Acoso.

Baremos globales

	Centiles *Calificación*	*1 a 5* *muy bajo*	*6 a 20* *bajo*	*21 a 40* *casi bajo*	*41 a 60* *medio*	*61 a 80* *casi alto*	*81 a 95* *alto*	*96 a 99* *muy alto*
M	**Índice global de acoso**	50		51-54	55-58	59-67	68-88	89-150
I	**Intensidad del acoso**	0-1				2	3-10	11-50
A	Desprecio-ridiculización	1-19			20-22	23-26	27-35	36-51
B	Coacción	1-7				8	9-11	12-24
C	Restricción de la comunicación	1-5			6-7	8	9-11	12-15
D	Agresiones	1-7			8-10	11	12-14	15-21
E	Intimidación-amenazas	1-10				11-14	15	16-30
F	Exclusión-bloqueo social	1-9				10-11	12-16	17-27
G	Hostigamiento verbal	1-15			16-17	18-20	21-26	27-36
H	Robos	1-4			5	6	7	8-12

Perfil de acoso escolar

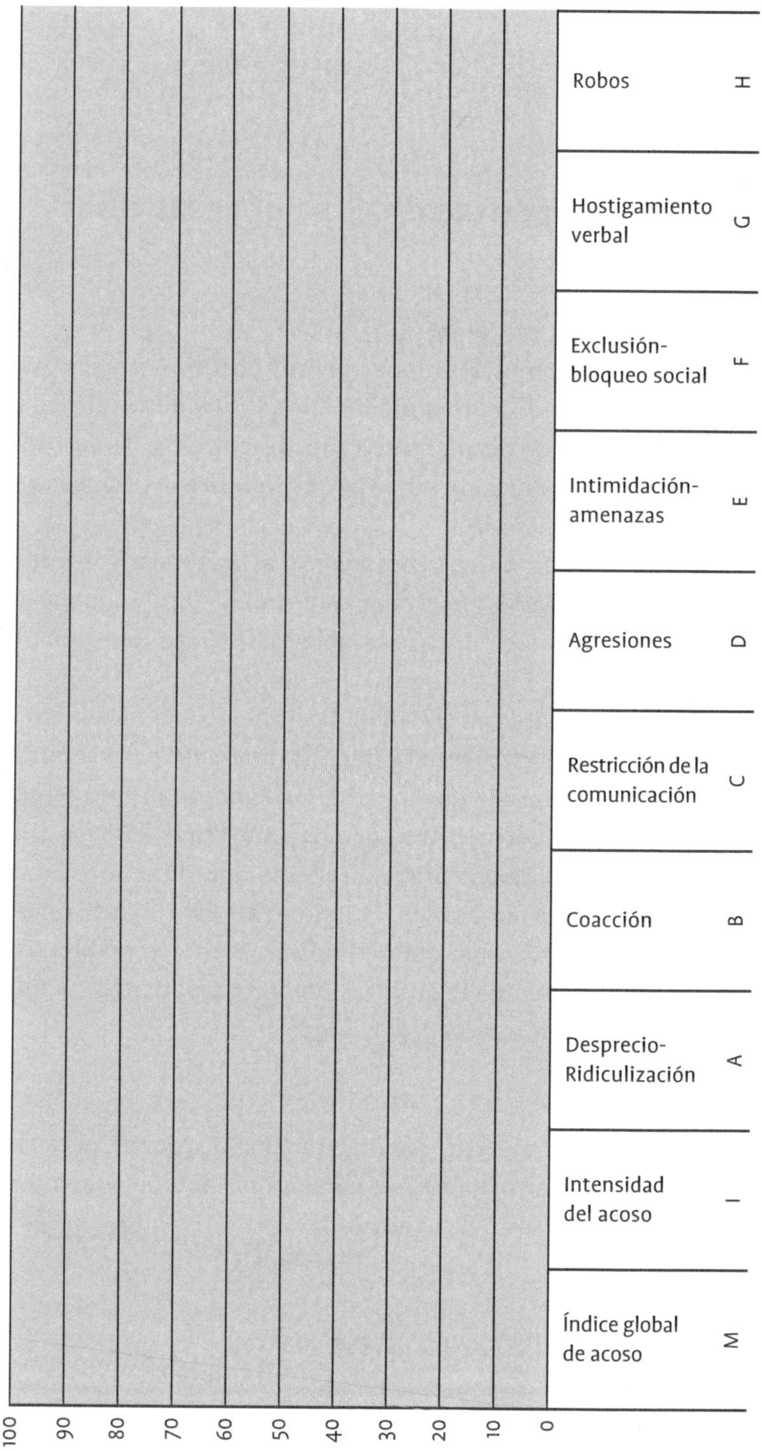

Toma cosas «prestadas». El valor de las cosas

Cuando son pequeños, los niños son muy posesivos y creen que todo es suyo, empezando por su mamá. No es raro que se lleven a casa algo que han cogido del hipermercado, del colegio o de casa de algún amiguito. Ellos todavía no saben lo que significa la propiedad privada. Hay que enseñárselo.

Aunque a partir de los siete años ya son más conscientes de lo que hacen, hay que guiarlos por el buen camino, acostumbrándolos a pagar o a pedir lo que quieren. Pero también les hemos de enseñar a que no siempre pueden tener todo lo que desean.

Hay que educarles en el esfuerzo y el ahorro. No me refiero a ahorro de dinero; aún son muy pequeños para esto, pero sí pueden ya aprender a conseguir lo que quieren mediante su propio esfuerzo.

Les podemos decir: «Si recogemos juntos tu habitación y obedeces a la primera, lo iremos anotando en una tabla durante toda la semana y sabremos si te portas bien.» O también: «Este juguete no es tuyo. Hay que devolverlo. Si lo quieres, pórtate bien y lo pediremos a los Reyes Magos.» «Sé que te gustaría quedarte eso, pero a tu amiguito Jaime le gustaría que se lo devolvieras.»

Objetivo

Aunque a ojos del niño se presentan muchas ocasiones que favorecen el hurto involuntario, hay que fomentar una conducta sana contra el impulso de apropiarse de lo ajeno.

Signos de alerta

Nos debemos empezar a preocupar cuando:

— No es capaz de desprenderse de las cosas materiales.
— Necesita llevar siempre algo para cambiar en el colegio.
— Parece que necesita comprar a sus amigos con algo.
— Cree que si no tiene cosas, él no es valioso.
— Los otros niños le apabullan fácilmente con las cosas que tienen.

Soluciones prácticas

Hay que ayudarle a enfrentarse con esta necesidad, a menudo incontrolable e inconsciente de coger sin que lo vean todo lo que encuentra a su paso. La cleptomanía puede tener sus orígenes en este momento evolutivo, aunque no se desarrolla de una forma más estructurada hasta la adolescencia.

Evitad las acusaciones del tipo: «¿Porqué lo hiciste?» El niño puede no saber qué le ha movido a actuar así, no ser consciente de su motivación. El presionarle a verbalizar el porqué puede desembocar en otra mentira.

Es bastante más útil indicarle lo que esperamos de él.

Como recordarás, nuestra regla de oro es: «No hagas la pregunta si sabes la respuesta.»

Ten en cuenta siempre que un niño —como un adulto— es inocente hasta que se demuestra lo contrario. Y es inocente siempre que no haya premeditación, alevosía y «nocturnidad».

Situaciones cotidianas

Fanny, la madre de Juan, que acaba de empezar la primaria, ha detectado un aumento de objetos en la habitación de su hijo. Al ordenarla, se da cuenta de que hay un montón de bolígrafos, muñequitos, llaveros, sacapuntas de todas las formas y colores, que ella no recuerda haberle comprado. En seguida le asalta la idea: «Mi hijo está robando.» «Esto no lo podemos consentir», piensa.

Al llegar su marido a casa se lo comenta y deciden ponerse manos a la obra para desenmascararlo, como si de un ladrón se tratara. Preparan una serie de preguntas, creyendo que así confesará. Quieren darle la oportunidad, piensan, de que se pueda defender.

Pero, cuando Juan llega del cole y su madre le pregunta, él responde sin inmutarse: «Me los han dejado mis amigos. Hacemos intercambios de cosas.» Fanny no sabe qué contestar; ahora su hijo se ha convertido en un ladrón mentiroso.

«¡No es posible! ¿Qué hemos hecho mal?», se pregunta la madre. De momento, todavía nada. Si evitamos reñirlo y sobre todo etiquetarlo de «ladrón mentiroso», aún estamos a tiempo de darle la vuelta a la situación.

Lo conveniente es facilitarle una salida airosa, que pueda rectificar sintiéndose a gusto consigo mismo. Eso le dará la oportunidad de enmendar su conducta de forma positiva. Le podemos proponer, por ejemplo, que vaya intercambiando esos objetos con sus amigos poco a poco, porque en casa ya no caben y estamos haciendo limpieza general.

Pequeños televidentes: ¡peligro, anuncios!

La televisión, ese maravilloso invento del siglo xx, es en realidad un aparato eléctrico más de los que inundan nuestros hogares. No es ni bueno ni malo en sí mismo, sino que depende de cómo lo utilicemos. Nuestros pequeños televidentes son quizá los más vulnerables a este invento. Los niños presencian desde su más tierna infancia la vida a través de la pantalla del televisor y a menudo la confunden con la realidad.

Los padres muchas veces nos preguntamos: «¿Cuántas horas pueden pasar ante el televisor?», «¿Qué aprenden a través de la caja tonta?», «¿Deberíamos desterrar el televisor mientras haya niños en casa?» Estas y otras dudas nos asaltan, pero la televisión forma parte de nuestra cultura y de nuestras vidas. La cuestión estriba pues en cómo les enseñamos a «defenderse» de sus contenidos, que a veces no podemos controlar.

Objetivo

Nuestra tarea es lograr proteger a nuestros hijos de los contenidos televisivos no aptos para su sensibilidad.

Conseguir, además, que sean capaces de filtrar lo que ven y que elaboren un sólido criterio propio.

Signos de alerta

Nos hemos de empezar a preocupar si notamos que:

— No despega la nariz de la pantalla ni para comer.
— Empieza a imitar a sus personajes favoritos.

— Se sabe las sintonías de sus programas de memoria.
— No sabe jugar, sólo se entretiene con los dibujos animados.
— Conoce todos los anuncios.
— Ya tiene televisor en su habitación.
— Es un experto en el arte del *zapping*.
— Controla el mando a distancia de la casa.

Soluciones prácticas

La utilidad básica de la pequeña pantalla consiste en mantenernos informados y entretenidos. La tele nos acerca a los acontecimientos culturales y deportivos, y nos permite disfrutar de los mundos ficticios de las películas y los dibujos animados. Pero nuestros pequeños televidentes han de aprender las instrucciones de uso:

- Se debe limitar el uso con ayuda de normas y horarios.
- Hay que vigilar los anuncios que ven; la mayoría no son para niños.
- La tele no es un canguro. No debemos dejarlos solos con ella.
- Los adultos debemos controlar el mando a distancia.
- Es conveniente elegir por adelantado lo que se va a ver.
- Se puede utilizar para enseñarles algo útil e incluso para motivarlos a que hagan otras cosas.
- Convertid la tele en un elemento interactivo, para compartir y dialogar.
- Aprended a apagarla cuando sea necesario y enseñádselo a vuestros hijos.

Uno de los motivos para tener un aparato de televisión en un lugar común de la casa es para utilizarla como fuente de debate y para compartir ideas y opiniones sobre lo que vemos. No hay que olvidar nuestros objetivos.

Los telediarios nos pueden servir para formar un sólido criterio y aprender a valorar las opiniones. Podemos enseñarles que éstas dependen del medio en que se digan y mostrarles las orientaciones políticas o las interpretaciones libres que se hacen de noticias a menudo objetivas.

Ver una película en DVD en el sofá con tus hijos puede ser una magnífica ocasión para expresar vuestras ideas y trasmitirlas sin mayores problemas, de una forma fluida y normal. Se pueden hacer, también, juegos con los anuncios: establecer un ranking de los preferidos de la familia y que cada miembro explique sus motivos.

Se puede establecer un sistema de turnos en la elección de los programas según la edad para aprender a compartir los gustos de cada uno. Y, por supuesto, elegir la programación en función de los intereses comunes, no de la imposición televisiva. Por supuesto hay que saber apagarla, y predicar con el ejemplo.

Situaciones cotidianas

Otro de los artilugios que aparecen unidos al televisor son las videoconsolas. Los videojuegos secuestran a nuestros hijos horas y horas frente a la pantalla mientras accionan un mando de forma compulsiva.

Si vuestro hijo, como en el caso de Miguel, está absolutamente absorbido por este tipo de juegos, no caigáis en el error de ponerle una tele especial para la videoconsola. Sería el principio del fin. Los videojuegos han de servir para compartir un rato con los amigos, con papá o mamá, y jugar a carreras de coches o partidos de fútbol o básquet.

En el momento en que Miguel ha encontrado un videojuego en el que no necesita a nadie para jugar, puede pasarse horas y horas solo. Sí, ya sé que es muy cómodo, que Miguel es muy pesado y que ésta es la única manera de que no dé la lata.

Pero si os paráis a reflexionar, ¿no os da pena? Nadie tiene tiempo para escucharlo o jugar con él, y se ha de entretener con una máquina que fomenta la compulsividad y el aislamiento. No dejemos que nuestros hijos se conviertan en víctimas del síndrome de los hikikomoris japoneses o, lo que es lo mismo, en adictos a las videoconsolas.

Los niños han de jugar con sus amigos, con sus hermanos, con sus juguetes o construcciones y también se han de aburrir y leer. Recuerdo una niña, muy lista, que llegó al extremo de pedir una tele portátil para no perderse ningún capítulo de su serie favorita. En las excursiones, en el campo, en la montaña, allá donde iba se enchufaba a su pantalla y se aislaba del mundo.

Para que se aparten de la videoconsola por un tiempo, existe un truco que a menudo da muy buenos resultados. Consiste en olvidarte «sin querer» la videoconsola en casa de los abuelos. Esto le servirá al niño para darse cuenta de que ese «aparato» no es indispensable.

Peter Pan y Wendy no quieren crecer

Tras este fantástico nombre se esconde el síndrome de niño que no quiere crecer y adquirir compromisos o responsabilidades. La Tierra de nunca jamás es su refugio, allí nunca se alcanza la madurez. Son niños a quienes da miedo hacerse mayores y prefieren estancarse.

A partir de los siete años, empiezan a plantearse qué quieren ser de mayores. Unos se quieren parecer a mamá, otros a papá. Buscan un modelo con el que identificarse, el ídolo deportivo, la cantante preferida... Pero si el listón está demasiado alto y creen que no podrán alcanzar nunca su meta, prefieren refugiarse en la seguridad de la infancia.

En el caso de las niñas lo conocemos con el síndrome de Wendy, la niña que hace de mamá de todo el mundo y que es al revés que su compañero Peter Pan: madre antes que mujer, sobreprotectora, salvavidas.

La primera vez que este término, el síndrome de Peter Pan, se empleó en psiquiatría, fue en 1966. El doctor Eric Berne lo utilizó para ilustrar a ese niño/a que todos llevamos dentro y que está centrado en sus propias demandas y necesidades.

Por su parte, el psicólogo estadounidense Dan Kiley describió en el año 1983 el síndrome de Peter Pan aplicado a los niños y niñas que no quieren crecer, y el de Wendy, menos frecuente, lo refirió a las personas que actúan sobreprotectoramente con los amigos, familiares y allegados.

Objetivo

Se trata de ayudarle a crecer, sin ser su cómplice en su intento de no madurar. Pero, ojo, hay que evitar pasarse al otro extremo, con comparaciones y frases lapidarias del tipo: «Yo, a tu edad, era muy buen estudiante.»

Signos de alerta

Empieza a preocuparte cuando:

— Se queja por todo y le echa la culpa a los demás.
— Idealiza la niñez; no quiere salir de ella porque así se siente protegido.
— Tiene miedo a la soledad.
— Es muy inseguro/a aunque no lo demuestre.
— Huye del compromiso, cree que es un obstáculo en su libertad.
— No se responsabiliza ni de lo que hace ni de sus errores.
— Está siempre insatisfecho/a de algún aspecto de su vida, pero no hace nada por cambiarlo.

Soluciones prácticas

Los Peter Pan suelen ser muy divertidos y encantadores. Es el típico payasete que se gana a todo el mundo con sus ideas, bromas, ingenio, imaginación y fantasía desbordante. Hay que ayudarlos a enfrentarse a la realidad, hacer que tengan los pies en el suelo y aprendan a asumir sus responsabilidades.

Al principio es duro, pero los resultados son bastante gratificantes. Hemos de pensar que es mejor que tropiece ahora, que está todavía en el seno familiar, que cuando salga a la sociedad e intente insertarse como adulto. Para lidiar con un/a Peter Pan podéis ayudaros de las siguientes recomendaciones:

- Evita las frases comparativas y sentenciosas.
- Si se olvida los deberes, déjale que se busque la vida; ya recibirá su merecido del profesor.
- Alienta su potencial para que lo desarrolle.
- Si llega tarde, no le escribas una nota de disculpa.
- Ayúdale a ser responsable.

Situaciones cotidianas

Todos hemos conocido a algún típico niño grande, un niño con cuerpo de adulto, que no ha sabido dejar atrás la infancia para responsabilizarse de su propia vida. Muchas veces se los tilda de inmaduros.

Sólo les gusta jugar, nunca sabes si hablan en serio o en broma, son muy divertidos, pero siempre les has de sacar las castañas del fuego; confían demasiado en tu protección. Éste es el caso de Sergio, un niño encantador de 12 años, que está empezando a preocupar a sus padres.

La actitud de Sergio es excesivamente infantil y despreocupada, y no es típica de su edad. Le encanta jugar con niños más pequeños que él y siempre está montándose historias de piratas con su fantástica imaginación. Su mundo, en el que se refugia, lo aleja de sus responsabilidades diarias.

No le interesa para nada hacerse mayor, le encanta ser un niño y tener a alguien que se ocupe de todo, en este caso su madre, María José. El chico no busca la independencia y da mucho trabajo, y sus padres deben perseguirlo todo el tiempo para que no olvide sus tareas. En cierto modo, esto es típico de cualquier niño, pero en estos casos los límites son exagerados.

Son las eternas «víctimas»: el profesor siempre les suspende sin tener en cuenta su atractivo, les tiene manía... De mayores, el problema de inseguridad que se esconde detrás les hace firmes candidatos a buscar una huida a su insatisfacción en las drogas o el alcohol. Por eso es tan importante atajar el problema cuando aún son niños.

¡Tierra trágame! La timidez

A todos los niños tímidos les gustaría desaparecer de la faz de la Tierra en las situaciones en que se ven sobrepasados. La timidez es una sensación de malestar que surge frente a personas o situaciones desconocidas.

Es la sensación de inseguridad que produce el no controlar la situación, no saber las reglas del juego o cuál es la respuesta correcta. La timidez se caracteriza también por algunos signos externos: se empieza a sudar, uno se pone rojo, se acelera el pulso.

Los niños inseguros suelen ser más propensos a padecerla. Sin embargo, no es más que una característica de la personalidad que el niño puede superar sin problemas, entrenándose. Todos hemos sentido timidez alguna vez ante una situación muy nueva, y no sabemos cómo actuar. No tiene por qué ser algo negativo; en algunos casos ayuda a ser prudente y precavido. Sin embargo, cuando consigue paralizarnos o dejamos de hacer cosas por no sentir esa sensación es cuando no nos está ayudando a crecer.

Seguro que te suena: el profe le pide a tu hijo que salga a la pizarra, a él le da tanto corte que empieza a sudar a chorros, no sabe dónde meterse, se pone rojo como un tomate y no puede coger ni la tiza.

Objetivo

Controlar su vergüenza y la sensación de «hacer el ridículo».

Signos de alerta

Te has de empezar a preocupar cuando:

— Evita las circunstancias difíciles.
— Se paraliza.

— Siente miedo a las situaciones que le provocan este malestar.
— No consigue superarlo aunque se vaya haciendo mayor.
— Se pierde cosas por miedo.
— En seguida se pone como un tomate, suda y está nervioso/a.
— No quiere ir a casa de sus amigos/as.
— Suele tener frecuentes dolores de barriga o de cabeza ante situaciones comprometidas.
— Siente pánico a hacer el ridículo en público.

Soluciones prácticas

Seguramente con los años aumentará su confianza y seguridad, pero si tomas cartas en el asunto ahora, conseguirás que su infancia sea más feliz y le evitarás malos tragos. Puedes ayudarle, por ejemplo, de las siguientes maneras:

— Inscríbelo en un curso de teatro. Aprenderá el difícil arte de la improvisación, que le ayudará a enfrentarse a situaciones desconocidas y también a hablar delante de la gente.
— Apúntalo a deportes de equipo para que aprenda a compartir.
— Proponle pequeños retos; no pretendas que deje de ser tímido de la noche a la mañana.
— Confía en él/ella y no des tanta importancia a lo que piensen los demás.
— Cuando veas que se está poniendo rojo, cógele fuertemente de la mano y ayúdale a seguir adelante.
— Explícale tus experiencias con la timidez, cuándo sentías vergüenza y lo que hacías para superarlo.
— No le obligues a hacer cosas que le den vergüenza si no está preparado para superarlo con éxito. Si fracasa una y otra vez, se frustrará.
— Enséñale a respirar y contar hasta veinte antes de enfrentarse al ridículo.
— La próxima vez que sea su cumpleaños, organiza un juego en el que cada uno tenga que explicar una anécdota especial. Frente a un grupo reducido y en confianza le resultará más fácil. Y le supone un pequeño entrenamiento para otros momentos.

No para quieto, ¿es hiperactivo?

Parece que la hiperactividad está de moda. Casi todos los niños que presentan problemas en el colegio acaban siendo diagnosticados de este complejo síndrome. Vamos a distinguir entre un niño movido, inquieto, y un niño con trastorno de hiperactividad.

Hay muchos niños que no paran quietos y traen locos a sus padres. Necesitan atención constantemente y su bombardeo de preguntas y actividades parece no tener fin. Sin embargo, son niños que no presentan problemas de atención y tienen un buen rendimiento escolar. Estos niños no son hiperactivos.

Los hiperactivos, sin embargo, no se concentran y tienen serias dificultades para controlar su inquietud y movimientos; de hecho, no lo hacen en ninguna circunstancia. Para saber si tienes un hijo/a hiperactivo puedes hacer una pequeña prueba. Comprueba si es capaz de aguantar una película de dibujos animados de una hora y media de duración sin apenas rechistar o, por el contrario, es incapaz, se distrae y acaba levantándose veinticinco veces del sofá.

Son niños en los que la dificultad para autocontrolarse no queda restringida a una sola área, sino que les sucede tanto en una clase que les resulta pesada como cuando están haciendo una actividad lúdica y de diversión. Estas dificultades ya aparecen antes de los siete años y tienen una permanencia de más de seis meses.

Presentan asimismo dificultades para conciliar y mantener el sueño, les cuesta mucho encontrar la postura adecuada y sudan de forma exagerada durante la noche. Todas estas dificultades afectan de forma extremada a la posibilidad de mantener actividades normales para su edad.

Objetivo

Se trata de ayudarle a autocontrolarse, a ser independiente. No hay que confundirlo con un niño vago o perezoso y malcarado.

Signos de alerta

Empezad a preocuparos si:

— Tiene una anormal y excesiva inquietud motriz.
— Le cuesta concentrarse y prestar atención.
— Se distrae con excesiva facilidad.
— Exige inmediata satisfacción de sus demandas.
— Está frecuentemente en las nubes y no se entera de nada de lo que ocurre a su alrededor.
— Nunca acaba lo que empieza.
— Suele gritar en situaciones inadecuadas.
— Es muy impulsivo e inconstante.
— Es muy tozudo y contestón, sin motivo aparente.
— Molesta a los demás con frecuencia.
— Le cuesta mantener el sueño por las noches: tiene un sueño muy inquieto y se despierta varias veces.

Soluciones prácticas

Al detectar que nuestro hijo puede ser un firme candidato a la hiperactividad, podremos entender mejor el porqué de sus reacciones inexplicables. Por otra parte, para hacer frente a esta situación hay que actuar en un doble sentido, la vía médica y la terapia psicológica. Ambas se han de apoyar mutuamente.

La reeducación de este tipo de niños no es rápida y precisa mucha paciencia y comprensión. Los padres, además, han de colaborar de forma activa. Las pautas que han de seguir éstos, concretamente, se basan en la comprensión del problema, en desterrar la culpabilidad del niño y en responsabilizarse para ayudarle a superar esta situación.

Es básico también anticipar las situaciones que le pueden desubicar para evitarlas o ayudarle a controlarlas con la colaboración de los padres. Por otra parte, la medicación resulta indispensable.

Situaciones cotidianas

Marco es un niño que se ha sentido muy incomprendido hasta que no se ha podido diagnosticar su problema. Los padres no suelen entender estas dificultades y los profesores se quejan de que el niño molesta en la clase y no deja seguir el ritmo a los demás con sus constantes interrupciones. Lo que suele pasar entonces es que el niño se gana fuertes reprimendas.

Con sus padres en contra y dos hermanos con los que compararse, la autoestima de Marco estaba por los suelos. La madre está muy pendiente de sus hijos, pero no está acostumbrada a este tipo de niño, que no aguanta sentado ni la media hora en la que intentan cenar juntos en familia.

Sin querer, siempre se le escapa: «Marco, estate quieto un rato. Me pones nerviosa.»

El niño se siente impotente, pues no sabe qué hacer. Su inquietud motriz es superior a él, duerme poquísimo y muy mal, con lo que su excitación es aún mayor. Se frustra muy fácilmente porque sus esfuerzos suelen caer en saco roto, no llega a cumplir las exigencias de los profesores y en su casa siempre acaban castigándolo.

Para solucionar este nefasto cúmulo de despropósitos propusimos a la familia tener una reunión conjunta para trabajar todos unidos. Quedó claro que Marco tiene unas dificultades reales y no se le puede tratar como a los otros hermanos.

Hay que ser más paciente, más tolerante con él y evitar llamarle la atención demasiado a menudo.

Necesita el apoyo del padre como referente y el cariño incondicional de la madre. Hay que evitar a toda costa las comparaciones.

Hiperactividad

RESPONDA A CADA CUESTIÓN RODEANDO CON UN CÍRCULO EL GRADO EN QUE EL NIÑO PRESENTA CADA UNA DE LAS CONDUCTAS DESCRITAS	NADA	POCO	BASTANTE	MUCHO
	0	1	2	3

1	Tiene excesiva inquietud motora	0	1	2	3	H
2	Tiene dificultades de aprendizaje escolar	0	1	2	3	DA
3	Molesta frecuentemente a otros niños	0	1	2	3	H
4	Se distrae fácilmente, muestra escasa atención	0	1	2	3	DA
5	Exige inmediata satisfacción a sus demandas	0	1	2	3	H
6	Tiene dificultad para las actividades cooperativas	0	1	2	3	TC
7	Está en las nubes, ensimismado	0	1	2	3	DA
8	Deja por terminar las tareas que empieza	0	1	2	3	DA
9	Es mal aceptado por el grupo	0	1	2	3	TC
10	Niega sus errores o echa la culpa a otros	0	1	2	3	TC
11	A menudo grita en situaciones inadecuadas	0	1	2	3	TC
12	Es contestón	0	1	2	3	TC
13	Se mueve constantemente, intranquilo	0	1	2	3	H
14	Discute y pelea por cualquier cosa	0	1	2	3	TC
15	Tiene explosiones impredecibles de mal genio	0	1	2	3	TC
16	Le falta sentido de la regla, del «juego limpio»	0	1	2	3	TC
17	Es impulsivo	0	1	2	3	H
18	Se lleva mal con la mayoría de sus compañeros	0	1	2	3	TC
19	Sus esfuerzos se frustran fácilmente, es inconstante	0	1	2	3	DA
20	Acepta mal las indicaciones del profesor	0	1	2	3	TC

RESUMEN DE PUNTUACIONES
H = HIPERACTIVIDAD
DA = DÉFICIT DE RETENCIÓN
TC = TRASTORNO DE COMPORTAMIENTO

H	DA	TC	H+DA

Autor: A. Farré y J. Narbona

Mi hijo tiene tics

Los tics son pequeñas descargas motoras en forma de carraspeos, guiños y movimientos estereotipados. Representan el 50 % de los trastornos de movimiento que tiene el niño. El síndrome de Tourette, por otra parte, se define por tics motores y tics fónicos, ruidos, carraspeos, sonidos guturales, sonidos con la nariz, y lo padecen un 5 % de la población infantil. Este tipo de trastornos los padecen el triple de niños que de niñas, y se asocia a niños muy nerviosos y poco extrovertidos.

Los bebés también presentan algunos tics o movimientos estereotipados sin finalidad alguna. La doctora Thelen, antropóloga, ha estudiado hasta veintisiete tics diferentes en bebés. Por otra parte, hay un importante aumento de la incidencia de tics hacia los siete años, y posteriormente desaparecen para volver a hacer acto de presencia durante la adolescencia.

Este tipo de «manías» suele poner muy nerviosos a los padres, que no paran de recriminar al niño. Normalmente se presentan por rachas, aparecen y desaparecen como por arte de magia, y, en general, suelen hacerse para llamar la atención y no tienen mayor importancia. Al dejar de ser centro de nuestra atención por este motivo, desaparecen sin dejar huella.

Sin embargo, hay también tics de origen psicológico, que suelen indicar una gran dosis de ansiedad oculta, no verbalizada. La presión, el agobio y el estrés los agudizan.

Objetivo

Averiguar si estamos ante un problema orgánico o de origen psicológico.

Signos de alerta

Empieza a hacer ruiditos extraños de forma repetitiva o guiña los ojos varias veces, y no es capaz de controlarlo.

Soluciones prácticas

En primer lugar hay que acudir al neuropediatra para descartar una causa orgánica. Una vez diagnosticado, podremos poner en práctica los consejos que nos dé el médico, para evitar que se agudicen tics de origen psicológico.

La mejor solución es quitarle hierro al asunto y no resaltarlo cada vez que lo hace. Cuando os pongáis nerviosos, desapareced y no le miréis.

Situaciones cotidianas

Nacho era un niño sin mayores problemas hasta que nació su hermano. A partir de este momento se acentuaron sus inseguridades y le surgió la ansiedad del abandono. No quería perder a su madre y se sentía amenazado.

El niño empezó a tener varios tics a la vez, por lo que su madre volvió a centrar la atención en él. Su mamá levantaba la vista sólo para decirle que dejara de hacer ese gesto o que no guiñara los ojos. Nacho había dejado de ser invisible para ella.

Los tics le permitían llamar su atención, pero la situación se hizo insostenible. La solución llegó de la mano del psicólogo infantil. Al explicarle a su madre el problema de Nacho, ella entendió que tenía que dedicarle más atención, mimos y cariños, al tiempo que debía de dejar de amonestarle cada vez que carraspeaba. De esta manera, los tics fueron remitiendo sin mayores dificultades.

Niños despistados, padres desesperados

Todos los padres estamos programados para proteger y cuidar a nuestros pequeños. A menudo creemos que les ayudamos evitándoles un sufrimiento, decepción o reprimenda. Sin embargo, en la mayoría de ocasiones esto no funciona así. La vida cómoda y fácil no genera seguridad, sino el dejarse llevar y caer en la falta de responsabilidad.

El niño termina sabiendo que al final le solucionaremos la papeleta. Por ejemplo, muchas veces acaba haciendo los deberes o trabajos a última hora, o los domingos por la noche en familia por falta de previsión y tiempo. Si se olvida el equipo de deporte se hacen verdaderas ginkamas para que al niño no le caiga una reprimenda en clase, o se escriben notas con las más variadas excusas para disculpar que nuestro hijo se ha olvidado de estudiar. Todo para salvaguardar el «honor» familiar y que nuestro hijo no quede mal delante de sus amigos.

Sin embargo, el proceso de maduración y crecimiento personal implica todo lo contrario. El niño necesita aprender y para ello se ha de equivocar y rectificar.

Esto no implica que le dejemos «solo ante el peligro», sino que dejemos de agobiarle y de hacerle creer que sin nosotros no conseguirá nada.

Los padres, aunque nos cueste creerlo, no somos indispensables para el crecimiento de nuestros hijos. Ellos son independientes y su vida no es una prolongación de la nuestra, aunque nos haga ilusión pensarlo. Son seres individuales en constante proceso de crecimiento y *en camino* hacia su autonomía e independencia.

Objetivo

Hemos de fomentar su autonomía.

Signos de alerta

La comunicación entre padres e hijos es a menudo muy sutil. A veces, sin darnos cuenta y con la mejor de las intenciones, les enviamos mensajes que les dicen sin palabras que necesitan nuestra ayuda porque ellos solos no se bastan. Su interpretación es: «Mis padres no confían en mí.» En ese sentido, tenemos motivos para preocuparnos si hacemos y decimos cosas como estas:

— No, no va ahí, cariño, va aquí.
— Déjame que te ayude, así iremos más de prisa (al vestirse, abrocharse los zapatos, etcétera).
— Te pongo el bocadillo dentro de la mochila para que no se te olvide.
— Mira cómo lo hace tu hermano.
— Tú todavía no puedes, eres pequeño.
— Fíjate bien, no te equivoques.
— Vigila, estate atento.
— Escucha bien... no vayas a perderte.

Como os habréis dado cuenta, siempre que actuamos así estamos dando por sentado que no confiamos en sus posibilidades. Son mensajes que frenan su iniciativa y minan su autoestima. El niño o la niña está formando su opinión sobre sí mismo/a, y ésta dependerá de cómo nosotros le tratamos, de la confianza que le transmitimos.

Cuando nuestro hijo se esfuerza por superar un reto o un problema es lógico que nuestro primer impulso sea ayudarle. Sin embargo, si queremos serle útiles, lo que deberemos hacer en ese momento es mantenernos al margen, dejar que se enfrente a sus posibilidades y descubra cuáles son sus límites.

Soluciones prácticas

Sabemos que es importante establecer tareas para cada uno de nuestros hijos en casa. De esta manera, como si se tratara de un juego de equipo, fomentamos la responsabilidad de nuestros hijos.

En nuestro ejemplo, Pablo saca la basura, Natalia pone la mesa, Javi compra el periódico cada fin de semana, María baja a por el pan por la mañana temprano, y todos se hacen la cama, echan la ropa a lavar y hacen sus deberes escolares...

Por otro lado, es necesario establecer las tareas en función de la edad y capacidad madurativa. Hay que dejarles explorar, equivocarse y aprender ensayando, probando, experimentando. Nuestros hijos deben ser capaces de tomar sus propias decisiones en cada etapa de su vida, aunque no sean las acertadas. Asumir pequeñas responsabilidades a su nivel y hacer las cosas por ellos mismos contribuirá a que tengan una imagen de sí mismos como individuos competentes y acabarán siéndolo.

Nuestras frases mágicas deberían ser de este estilo:

— Inténtalo, seguro que sabes hacerlo.
— Prepárate la mochila de mañana mientras yo hago la cena.
— ¿Me ayudas a hacer el desayuno?
— Explícale a tu hermano pequeño un cuento.
— Ordena tu habitación, antes de ducharte y así luego tendremos tiempo de ver tu serie favorita.
— No te preocupes, mañana te levanto una hora antes y así acabas los deberes.
— Acompaña a tu abuela a comprar y le llevas lo más pesado.

Por otra parte, cuando vuestro hijo se olvida de hacer los deberes, no debéis caer en la trampa de quedaros con él hasta las tantas de la noche intentando acabarlos. Es mejor irse a dormir y despertarlo más pronto por la mañana para hacerlos. Se concentrará mejor, los hará más rápido y además aprenderá a hacerlos cuando toca. A ninguno le gusta madrugar.

Muchas veces, los despistes son una estrategia para llamar vuestra atención. Si se olvidan la mochila, han de poder enfrentarse con su profesora y aceptar su error. Seguro que no se la vuelven a dejar. También suelen tener problemas con la puntualidad. Cuando cuesta mucho que vayan ligeros por la mañana, suele funcionar muy bien llegar algún día tarde y ver cuáles son las repercusiones.

Es mejor que se enfrenten con pequeñas frustraciones, de forma paulatina, que vivan en una burbuja, entre algodones, y al salir al mundo adulto se peguen un fuerte batacazo. Ten en cuenta que los despistes son propios de niños que todavía no hacen frente a sus responsabilidades. A medida que crecen, éstos deben ir disminuyendo. Tiéndeles la mano y acompáñales en este camino.

Situaciones cotidianas

Veamos el caso de Álvaro, un niño de siete años bastante despistado, que hace segundo de primaria. Su madre, desesperada, intenta ayudarle siempre. Cree que su misión consiste en que nadie se dé cuenta de lo despistado que es.

La madre lleva dos o tres meses, desde que empezó el colegio, haciendo los deberes con él para que aprenda, borrando y repitiendo las letras hasta que le salen bien. Su objetivo es presentar los trabajos perfectos, leen cada día, repasan la lección y ella se siente satisfecha con su labor como madre. Pero olvida que los deberes los ha de hacer el niño y hay que dejarle equivocarse y olvidárselos para aprender a responsabilizarse.

Álvaro se siente muy presionado en esta búsqueda de la perfección, ya que su madre no le deja pasar una. Tiene miedo a equivocarse y se bloquea. Su madre, al llegar papá a casa, le explica las dificultades de la jornada: a Álvaro le cuestan las sumas, se equivoca con los dictados y la presentación es horrorosa.

Estos comentarios no suelen hacerse en su presencia pero él los escucha desde su habitación. Su frustración aumenta día a día; no se siente capaz y tira la toalla, no tiene fuerzas de seguir arrastrando todos sus errores. En clase empieza a portarse mal y hasta sus amigos comienzan a ponerle la etiqueta de despistado.

Como padres, hemos de tener en cuenta que es normal hacer mal los deberes. Nuestros hijos están aprendiendo en muchos «frentes» y para ello necesitan ensayar, y equivocarse cuando toca. Hemos de dejarles que lo hagan. Los niños no nacen sabiendo, así que ¿cómo no habrían de equivocarse?

En este caso, el vínculo entre Álvaro y su madre se ha deteriorado tanto que la hora de hacer los deberes se convierte en un suplicio. Cada día hay un enfado, un castigo. Por otra parte, no hemos de olvidar que los padres no somos los profesores; nuestro papel es otro.

Si llegamos a este extremo de enfadarnos con ellos, es recomendable buscar ayuda externa. Por una parte, se puede buscar un profesor particular que les ayude a organizarse en sus tareas escolares y, por otro, un psicólogo que les ayude a reestablecer una relación emocional cálida.

La negación de las características personales de nuestro hijo no le ayudan a superarlas. Los niños despistados suelen dejar de serlo cuando se les ponen unas normas claras y se aprende a confiar en ellos. Hay que darles responsabilidades adecuadas a su edad.

Crecer con hermanos y sin rivalidades. ¿Por qué se pelean?

Crecer entre hermanos es una experiencia muy positiva para cualquier niño, pero lograr que entre ellos se establezca un vínculo de amor fraternal no siempre resulta una tarea fácil para los padres.

Al tener hermanos, los niños cuentan con compañeros de juegos y cómplices para sus pequeñas travesuras. A medida que van creciendo se convierten en confidentes. La convivencia y la intimidad crea entre ellos un vínculo que va mucho más allá de la simple amistad y, paralelamente, las inevitables peleas les sirven para saber defenderse delante de otros niños. Son como un pequeño entrenamiento. Aprenden a compartir, tanto el cariño de sus padres como la habitación o la ropa...

Entre los inconvenientes de tener hermanos están los celos, la competitividad, las peleas... Para los padres tener varios hijos representa un mayor estrés a la hora de cuidarlos. Compaginar la atención personalizada de cada uno de los hijos con el trabajo y la pareja es una tarea complicada.

Por ejemplo, cuando uno no está enfermo el otro se hace un esguince, o es más difícil colocarlos cuando quieres hacer una escapada romántica con tu pareja. Tanto los amigos, los cuñados como los abuelos aceptan sin problemas que les dejes un niño, pero tres ya es para pensárselo.

Así que necesitáis una mayor infraestructura en casa. Cada hijo realiza una actividad extraescolar diferente, hay que llevarlos y traerlos. Uno va a la guardería y el otro al colegio. Sin embargo, es verdad que todo este ajetreo tiene su compensación. Los hijos llenan de satisfacción, orgullo... y dificultades.

Objetivo

Prepáralos para que sean buenos amigos. Reduce la competitividad; cada hijo es único e irrepetible. No los compares. Por otra parte, en caso de conflicto o riña, deben aprender a solucionar sus problemas entre ellos, sin la mediación de ningún adulto.

Soluciones prácticas

Cuando hay varios hijos es obvio que hay que quererlos por igual, pero es también importante tratarlos de manera diferente en función del lugar que ocupan: mayor, mediano, pequeño. A cada uno le corresponden unas responsabilidades y unos privilegios y la misión de los padres es equilibrar la balanza emocional para que ninguno se sienta discriminado.

En definitiva, se trata de darles el mismo amor pero diferente trato; cada uno tiene diferentes necesidades. Hay que conseguir que se sientan todos queridos por igual, orgullosos de su situación y comprensivos con sus hermanos.

Cuando hay varios hermanos es inevitable que surjan situaciones conflictivas. Las peleas suelen ser frecuentes, ya que son necesarias para delimitar el espacio de cada uno. Forman parte de la relación normal entre ellos. Los niños se pelean porque es divertido, pero a menudo lo que empieza como un juego acaba mal.

«¿Cuándo hay que intervenir?», os preguntaréis cuando hay una riña entre hermanos. ¿«Es mejor que ellos solos aprendan a resolver sus conflictos?» El objetivo debe ser que aprendan a solucionar sus problemas sin que intervenga ningún adulto... pero, ahí está la clave: es un aprendizaje y, como tal, hemos de darles unas pautas para que puedan seguirlas y realizar un buen aprendizaje.

Seguramente, también, si los dejamos a su aire, se pegarán, se estirarán de los pelos... siempre habrá uno que salga perdiendo. Que no tiene por qué ser siempre el pequeño, a veces es el más fuerte o más pegón. A menudo hay un hermano que sabe cómo apañárselas para salir siempre indemne y que se las cargue el mayor. Por eso, hay que castigar por igual al que pega que al que insulta, al que ha empezado como al que continúa.

Intenta ser ecuánime

¡Atención a las injusticias! Es lo que llevan peor y lo que les genera más rabia.

Ante una pelea hay que separarlos y aislarlos para que reflexionen, se calmen y luego se pidan perdón. Es importante que se den cuenta de que lo que consiguen con esta actitud es romper el juguete objeto de la pelea, por ejemplo, y encima se pasan la tarde aburridos y separados. Hemos de conseguir que aprendan que por las buenas se consiguen muchas más cosas que por las malas. En el cuadro siguiente os proponemos unas normas básicas, educativas y de convivencia, que podéis establecer entre los hermanos.

Normas básicas entre hermanos

- **No pegar.** Debéis inculcarles que no hay que pegar a nadie y mucho menos a un hermano. Uno siempre se arrepiente luego. Y, cuando lleguen a las manos, todos serán castigados —tanto el que se defiende como el que ataca—, porque si uno no quiere dos no se pelean.
- **No insultar.** Bajo ningún pretexto se ha de insultar. Es mejor buscar palabras alternativas para descargar la rabia. A un hermano se le debe siempre el máximo respeto. Un hermano es más que un amigo, porque, además de los juegos y media vida, se comparte algo de vital importancia para un niño, los padres.
- **Primero pensar y luego actuar.** Enseñadles a ser reflexivos y a darse cuenta de que las peleas son negativas tanto para el que empieza como para el que sigue. Si uno piensa las consecuencias, se evitan cantidad de problemas.
- **Hablando se entiende la gente.** Habéis de demostrarles que el diálogo es la mejor arma para solucionar cualquier conflicto de manera positiva.
- **Pactar.** Deben establecer turnos equitativos para todo. Hay que enseñarles a establecer pactos de antemano. Es mejor prevenir las peleas antes de que sucedan.

Situaciones cotidianas

Nuria tiene dos hijos muy seguidos, de seis y cuatro años, Javi y Nacho. Llevan una temporada en que cada día se pelean por todo: por ver quién es el primero en apretar el botón del ascensor, quién es el primero en sentarse al lado de papá, el primero en llegar, en elegir la película de vídeo.

Se ha establecido una relación de competitividad tremenda entre Javi y Nacho. En algunas cosas, Javi se aprovecha porque es más alto y Nacho no llega. Y en otras Nacho gana a Javi. Las pataletas son tremendas y Nuria ya no sabe qué hacer porque cuando no se enfada uno es el otro quien se tira por el suelo llorando.

La solución a esta situación ha pasado por establecer turnos en colores en un calendario. A Javi le ha tocado el color verde y Nacho es el amarillo. Los lunes, miércoles y viernes se han pintado de verde y los martes, jueves y sábados de amarillo. Así cada uno sabe cuál es su día, cuándo le toca ser el primero. Se acabaron las peleas, hay unas normas... y el domingo se descansa.

Dale a cada uno su lugar

Nuestro hijo es único e incomparable, centro de todas nuestras atenciones... hasta que vienen otros. Es entonces cuando, equivocadamente, nos empeñamos en tratarlos como iguales. Sin embargo, no tiene nada que ver el quererlos igual con tratarlos de la misma manera.

Por ejemplo, no debemos reñirlos de la misma forma cuando uno es más sensible que otro y le afecta el doble que a su hermano. O uno se ha esforzado muchísimo y sólo ha sacado un aprobado y el otro, sin pegar ni sello, ha obtenido un notable. Para ser justos, deberíamos conocerlos y valorarlos en sí mismos, y no medirlos con el mismo rasero. Cada hijo posee unas habilidades características.

Son diferentes también por el simple hecho de haber nacido antes o después unos de otros. Aun queriéndoles a todos por igual, debemos conseguir que acepten con normalidad las diferencias que les vienen dadas por su posición en la línea de descendencia.

La condición de mayor, mediano o pequeño interfiere considerablemente en la formación del carácter y condiciona de forma evidente la personalidad del niño. Cuanto menor sea la diferencia de edad entre ellos, y más si son del mismo sexo, mayor es la posibilidad de que surjan celos, disputas y comparaciones.

Por lo general, el mayor sentirá envidia del cariño que dispensamos al pequeño, el mediano no sabrá muy bien cuál es su sitio y el benjamín se enfadará porque no le dejamos hacer las cosas que les consentimos a sus hermanos mayores. Por ello, porque cada uno tiene su propia problemática, debemos darles un trato personalizado. No es fácil, pero sí necesario, darle a cada uno lo que necesita para que todos se sientan felices.

Todos han de sufrir frustraciones y gozar de recompensas en función de su rango y, lo que es más importante, ser capaces de aceptar unas y otras. Han de aprender a respetar el cumpleaños de cada uno, por ejemplo. A nadie se le ocurriría hacerles regalos a todos para que no tengan celos, ¿verdad? Cada uno tiene su día y, cuando le toca, los demás han de aprender a compartir la alegría del hermano sin pretender quitarle el protagonismo.

El mayor, el mediano y el pequeño

Primogénito. Es el primero, el que abre camino, con el que los padres aprenden a serlo.
Características: Es más luchador, independiente y poco afectuoso.
Ventajas: Privilegios especiales, mayor libertad, horarios más flexibles, menos protección. Tienen un nivel de autoestima mayor.
Inconvenientes: Suele tener muchos celos de los pequeños y excesivas obligaciones.
Cómo tratarlos: No hay que pretender que crezcan antes de tiempo, pero sí hacerles ver las ventajas de ser los mayores. Se incorporan primero a las actividades familiares. No creáis que como es el mayor no necesita mimos, él también los precisa.
Mediano. Siempre navegan entre dos aguas, no tienen los privilegios del mayor ni los cariños del pequeño. Y han de espabilarse para conseguir llamar la atención de sus padres.
Características: Espabilados, pillos, manipuladores.

Ventajas: Ninguna en relación con sus hermanos. Simplemente pasan desapercibidos.
Inconvenientes: Celos de las libertades del mayor y de los mimos del pequeño, desubicación, traumas. Luchan por destacar y a menudo no lo consiguen o quedan anulados por sus hermanos.
Cómo tratarlos: Con paciencia, un plus de cariño y dedicándoles tiempo, haciéndoles que se sientan únicos, especiales e importantes.
Benjamín. Es el último en llegar y despierta todas las expectativas familiares. Se le encuentran todas las gracias. Suele ser un niño muy deseado.
Características: Son muy cariñosos y poco emprendedores.
Ventajas: Son el centro de atención de toda la familia, tienen muchas menos responsabilidades y disfrutan de la protección de sus hermanos mayores.
Inconvenientes: La sobreprotección.
Cómo tratarlos: No dándoselo todo hecho, evitando el exceso de mimos y ayudándole a tolerar las frustraciones.

Los primogénitos son los que abren camino, los que pagan la inexperiencia de los padres, los que aprenden con ellos, los que tienen que pelearlo todo porque nadie lo ha hecho antes —los que vienen detrás lo tienen todo trillado—. Por eso suelen ser más luchadores e independientes. A todos los hermanos mayores les toca vigilar a los pequeños, acompañarlos al colegio, ir a comprar el pan...

Los padres, considerando los inconvenientes que conlleva el papel de primogénito, hemos de pensar en compensarlo con algún privilegio que les esté vetado a los demás. No estaría mal dejarle ver alguna película que sus hermanos todavía no pueden ver o darle alguna propina. Pequeñas cosas que le hagan sentirse reconocido.

Mucho ojo, sin embargo, en el terreno afectivo. Demasiadas veces cometemos el error de exigirles mucho y sobreproteger a los pequeños, olvidando que, aunque sea mayor, sigue siendo un niño y necesita igualmente su cuota de mimos y cariño. De lo contrario, puede presentar conductas de imitación a sus hermanos, haciéndose el pequeño —regresiones—, como respuesta a su necesidad de afecto. No queramos hacerles crecer demasiado de prisa.

El hermano sándwich, el mediano, suele ser más problemático y, por lo general, el más perjudicado en el reparto afectivo. Nunca ha sido el mayor y es el pequeño por poco tiempo. No disfruta de las posiciones de los demás y siente muchos celos tanto del mayor como del pequeño. Se siente descolocado, sin un papel claro y ventajoso dentro de la estructura familiar. Para ellos es un trauma no superar nunca al mayor ni ser querido como el benjamín. Por eso suelen ser más espabilados y manipuladores en su afán de llamar la atención, de hacerse ver.

Hay que estar un poco más por ellos, tener paciencia y darles cuanto más cariño mejor. Es muy pedagógico recordarle y resaltar los aspectos positivos de su personalidad y hacerle sentir importante: «Como tu hermano es el mayor, que se quede vigilando al pequeño mientras tú vienes conmigo y me ayudas a hacer un recado importante, ¿vale?» Éste sería un ejemplo de cómo tratarlo y hacerle sentirse especial.

Los pequeños acostumbran ser los más mimosos de todos y también los más vagos. No malcríes al benjamín. Él solo, sin hacer nada especial, ya es el centro de todas las atenciones y acapara la mayor parte de los mimos tanto de los padres como de los abuelos o tíos. Ésa es su gran ventaja, pero a veces es también su mayor inconveniente.

Aunque es mejor la sobreprotección que la falta de cariño, ningún extremo es bueno. Hay que despertarle la capacidad para aceptar las frustraciones. Si llora porque sus hermanos mayores se van al parque de atracciones con papá y él se queda en casa, hay que hacerle ver que él tiene la ventaja de quedarse en casa cuando sus hermanos tienen que levantarse pronto para ir al colegio.

Es muy importante aprender a hacer diferencias entre nuestros hijos, valorarlos individualmente y evitar establecer comparaciones entre ellos. Hemos de intentar omitir frases del tipo: «Mira que eres tonto. Suerte que tu hermano no lo es.»

En realidad la palabra «eres» debería estar borrada del vocabulario de los padres. Es mejor decir «Lo que has hecho no está bien», que «Eres malo». Y lo decimos mucho. Podemos dañar seriamente a un niño en su autoestima si continuamente lo acosamos con frases del tipo: «Eres malo», «Eres lento», «Eres tonto».

Ser coherentes es una de las reglas de nuestro método. Muchos padres, por Navidad o Reyes, compran juguetes iguales: este año tocan las bicicletas y cada uno recibe la suya. Al siguiente tocan los patines en línea... y lo mismo. Y no se paran a pensar que tienen edades diferentes y gustos diferentes y que, al respetarlos, estamos siendo más justos que regalándoles algo que a uno le entusiasma y al otro, ni fu ni fa.

Además, la igualdad luego no se generaliza a otros campos, porque, por ejemplo, al peque se le consiente que duerma en la cama de los papás y a los otros no. ¿Cómo se entiende? Hacemos diferencias con según qué cosas, pero no hay un baremo ecuánime. La realidad es que todos nuestros hijos, tengan o no hermanos, deben dormir en sus respectivas camas, comer en sus respectivas sillas y recibir los regalos que corresponden a su edad y a sus gustos particulares.

Han de aprender a respetarse en sus diferencias y a compartir lo que es de todos, asumiendo que cada uno ocupa un lugar dentro de la familia que viene asignado por el orden de nacimiento y, por tanto y en cierta manera, depende de la suerte que tengas en la vida.

Aprender a aceptar las cosas tal como vienen desde pequeñitos es fundamental para una buena inserción en la sociedad el día de mañana, y los padres han de ser los principales promotores de este desarrollo equilibrado

Cuarta parte

11-13 años: La pubertad

La edad del pavo

Ésta es una época en la que predominan los cambios. Los hay físicos, intelectuales, sociales, emocionales... y a menudo cogen a los padres desprevenidos. La improvisación suele ser la mayor fuente de conflictos, ya que actuamos sin pensar en las consecuencias. «Más vale prevenir que curar» es un sabio refrán que no sólo es aplicable a la medicina, sino a todos los ámbitos vitales.

La pubertad, con todo el conjunto de cambios físicos, puede trastocar la estabilidad de la etapa escolar. Un desmesurado crecimiento, la aparición de los signos externos propios de su sexo y otras incomodidades derivadas hacen que aparezca una gran inseguridad personal, que actúa como un terremoto y afecta a la autoestima, a la relación con los padres e incluso al rendimiento escolar. Las niñas suelen acusar más pronto la revolución hormonal, y empiezan los conflictos.

Gánate su confianza, ¡funciona!

Una comunicación sin fisuras es el mejor secreto para prevenir los problemas de la adolescencia. Esto no se consigue de un día para otro, sino paso a paso.

Aborda a tu hijo o hija indirectamente, despliega tu imaginación para ganarte su confianza. Si lo consigues, seguro que te contará sus pequeños problemas y podrás ayudarle con tu experiencia y consejos.

Las crisis de identidad que se empiezan a sufrir a esta edad generan un cierto bloqueo y, a veces, un hermetismo total. Hay que aprovechar los momentos compartidos y relajados para hablar y, sobre todo, para escuchar.

Si hay un tema que nos preocupa y percibimos que con rodeos no sacamos nada en claro, no debemos dudar en abordarlo directamente. Podemos aprovechar una tarde de paseo con nuestra hija o un domingo en el partido con él, o cualquier otro momento compartido con él o ella.

Como hemos explicado en capítulos anteriores, es importante que este tipo de conversaciones se hagan entre iguales; es decir, entre padre-hijo y madre-hija. Al sentirse identificado/a con el modelo masculino o femenino le será más fácil sentirse comprendido/a.

Cuando te esté contando lo que le pasa o le preocupa, no le ataques con juicios morales, simplemente valora con mucha calma los hechos tal y como son y ayúdale a sacar sus propias conclusiones.

No debemos olvidar que entre los 11 y los 13 años conocen los valores morales, pero su propia conciencia aún se está configurando. Todavía asumen los valores familiares y los repiten. Necesitan un margen de confianza; si apuestas por ellos, seguro que te sorprenderán.

Cómo identificar a un preadolescente de riesgo

- Está desmotivado/a.
- Tiene mucho miedo a enfrentarse a una tarea y fracasar.
- Es muy vulnerable ante cualquier influencia externa; su personalidad no está definida.
- Le faltan objetivos y criterio, no tiene opinión propia y nada le gusta.
- Se le ve alicaído, padece astenia o lleva horarios descontrolados.

Cómo superar el enfrentamiento generacional

Hasta ahora todo ha funcionado más o menos bien, los hijos no cuestionaban la autoridad paterna, ni sus consejos sobre los estudios o el plano personal. Ir a comprar la ropa de la temporada era una jornada agradable y satisfactoria. De repente, dejan de confiar en nuestro gusto y nuestros consejos les parecen «cutres». Progresivamente, ir de tiendas con un hijo/a de esta edad supone entrar en una batalla campal. Nosotros ya no estamos al día, cuestionan todas nuestras decisiones y su frase favorita es: «No me entiendes.»

Como hemos comentado, los cambios físicos vienen acompañados de un salto cualitativo en su capacidad intelectual. Las nuevas habilidades mentales les posibilitan constantes provocaciones verbales y retos, y lo que antes era una apacible vida familiar se convierte de repente en un pulso diario. Ellos están empeñados en demostrar que nos hemos quedado atrás y que sus amigos saben más que nosotros, lo que no hace sino destapar la caja de los truenos.

Aquí empiezan nuestros problemas: si improvisamos, podemos caer en algún error que complique aún más esta situación. Nuestro primer impulso suele ser hacer lo contrario de lo que hicieron nuestros padres con nosotros. Si ellos fueron demasiado autoritarios, nosotros tendremos tendencia a intentar ponernos de su lado y ser sus amigos. Pero ¿y si a tu marido o a tu mujer le pasó lo contrario que a ti?

Hay que evitar repartirse los papeles, en plan «él hace de poli bueno y yo de rígida sargento». Aunque ésta sea una situación real y muy común, no es la mejor alternativa y se puede evitar sin demasiados problemas. La imagen de unos padres que actúan de común acuerdo es muy beneficiosa para los hijos.

Las discusiones internas entre los padres se han de llevar a cabo fuera de la vista de nuestros hijos, ya que si no, les proporcionamos sin darnos cuenta la mejor arma en contra de nosotros.

Objetivo

Los padres han de tener claro que están en el mismo equipo y que sus objetivos son los mismos: educar a su hijo de la mejor manera posible, con cariño y grandes dosis de paciencia.

Signos de alerta

Podemos detectar inmediatamente que las cosas están cambiando cuando empezamos a oír comentarios como los siguientes:

— «No me entiendes.»
— «No estáis a la moda, os habéis quedado desfasados.»
— «Los demás padres les dejan. Sois unos antiguos.»
— «Todas mis amigas van así.»
— «Todos lo tienen (el móvil, por ejemplo) yo soy el único raro.»
— «¿Por qué me amargáis la vida?»
— «¡Ya soy mayor!»

Soluciones prácticas

La personalidad de los padres, su infancia y las experiencias que han vivido como hijos son factores que intervienen de forma inconsciente a la hora de ponernos a educar.

Los padres, como un equipo, han de plantearse qué estilo educativo desean ejercer con sus hijos antes de verse haciendo, sin darse cuenta, aquello por lo que habrían puesto la mano en el fuego que jamás les pasaría a ellos.

Los puntos básicos para decidir nuestras estrategias educativas en esta etapa son:

- El nivel de responsabilidad que les exigiremos.
- El tipo de límites que les impondremos.
- La forma en la que ejerceremos el control (libertades y restricciones).

- Pactar unas normas básicas de convivencia.
- Acordar los valores que queremos transmitir.
- Planificar las estrategias a seguir y el papel de cada uno.

La clave de esta etapa es vigilar qué dices y cómo lo dices.

Lo que dices es muy importante, pero cómo lo dices lo es todavía más. La mirada, las sonrisas, nuestra postura, los gestos, el tono y volumen de la voz pueden dar énfasis a nuestras palabras o por el contrario desautorizarlas.

Por otra parte, los mensajes han de ser coherentes, ellos están a la caza del gazapo... ya empiezan a ser mayores y no los puedes engañar como antes. Para evitar contradicciones que pueden echar por tierra las mejores intenciones, ten en cuenta que el contenido y la forma de tus palabras han de ir de la mano.

No le puedes decir a un hijo de esta edad: «Te quiero mucho, pero ahora déjame que estoy preparando un informe para mañana.» Probablemente, si te viene a preguntar algo justo cuando te acabas de instalar en el sofá, y le dices «Espera un poco, que ahora quiero desconectar», tu hijo saltará airadamente con un: «Sí, claro... luego no me digas que soy lo más importante para ti.» Cuidado, tienen la susceptibilidad a flor de piel.

Situaciones cotidianas

El caso de Sonia y Eduardo suele darse con mucha frecuencia. Cada noche, cuando Eduardo entra por la puerta, se encuentra a su mujer en pleno ataque de nervios, porque lleva una hora discutiendo con su hija por la ropa que ha elegido para llevar mañana a la escuela. La niña está encerrada en su habitación y su madre chillándole detrás de la puerta.

Al padre no se le ocurre otra cosa que pedirle a su mujer que deje de chillar y decirle a su hija desde detrás de la puerta que se ponga lo que quiera. Lo que ocurre es que Eduardo está cansado y quiere cenar en paz; además, el tema de la ropa le parece una tontería. Pero Sonia no está de acuerdo y monta en cólera porque la ha desautorizado delante de su hija, con lo que empieza una discusión terrible entre ambos.

Esta situación no hace sino complicar las cosas: la hija se sale con la suya y Eduardo ha tomado una decisión sin saber lo que en realidad estaba pasando. Además, lo peor de todo es que ahora Sonia ha perdido el poder frente a su hija, que siempre podrá decir aquello de: «Pues papá me deja» y quedarse tan ancha.

Está claro que Sonia y Eduardo tenían puntos de vista diferentes y, al no haber hablado antes y haberse puesto de acuerdo sobre cómo y por qué reñirla o cuál era el límite, se encuentran ahora en una situación difícil de resolver.

Al contrario que Sonia y Eduardo, los padres, como ya hemos dicho, debemos trabajar en equipo respecto a cómo educar a los hijos. Y, para que el equipo Padres funcione, existen dos normas básicas:

- Bajo ninguna circunstancia es adecuado desautorizar a la pareja delante de los hijos. Si uno de los padres está actuando de una manera que al otro le parece inapropiada, hay que esperar y comentarlo más tarde, en privado. Los hijos son muy listos y pueden utilizar este desacuerdo respecto a ellos en su provecho.
- Antes de actuar, es mejor consultar con la otra parte del equipo. El móvil puede ser en este caso nuestro gran aliado. Podemos decir: «Un momento, cariño, voy a llamar a mamá a ver qué opina», o «Espera, cielo, luego lo hablo con tu padre a ver qué le parece».

Cuando los padres se separan

Afrontar una separación con niños siempre es duro, por eso es importante no perder de vista que si vosotros sois capaces de pactar, sin rencor, y colaboráis en los intercambios, los que saldrán beneficiados son vuestros hijos. Ellos han sido y siguen siendo un proyecto común que necesita crecer sin problemas.

Veamos la siguiente situación. Los papás de Alberto se acaban de separar y, con la mejor de las intenciones, explicaron a sus hijos que los papás eran muy amigos, casi como hermanos, pero que, a partir de ahora, vivirían cada uno en una casa distinta.

Hasta aquí no pasó nada, todo iba bien; sin embargo, un fin de semana que estaban con su padre algo se tambaleó. Se fueron con un grupo de amigos a un parque temático de atracciones, y ellos eran los únicos que iban sólo con papá. Alberto, que tiene 11 años, no quería ir al colegio el lunes siguiente. Se puso a llorar desconsoladamente, tenía un ataque de ansiedad.

Los padres, muy preocupados, no entendían nada. Aparentemente todo estaba bajo control. Sin embargo, existía un grave problema de comunicación. El mensaje que le habían transmitido los padres no le cuadraba al niño, que no tiene un pelo de tonto. Estaba desorientado, tenía miedo a que sus padres dejaran de ser amigos.

Siguiendo su lógica, pensaba: «Si siendo amigos se han separado, ¿qué pasará cuando no lo sean? Además, si son tan amigos, ¿por qué nunca vamos todos juntos a ningún sitio?» Alberto creía en su interior que le estaban engañando, que le ocultaban algo, y esa situación le producía una inseguridad enorme. La ansiedad que sufría de sentirse engañado por sus padres era tan grande que no la podía controlar. Y le afectó en todos los ámbitos, tanto en casa como en el colegio.

Soluciones prácticas

En caso de separación, lo primero que debemos hacer los padres es tener juntos una sincera charla con nuestro hijo, en la que se expliquen las cosas tal y como son. No hay que intentar disfrazar la realidad, ni para evitar sentimientos de culpa ni pensando que así evitamos que sufran.

La sinceridad es nuestra mejor arma. Si no somos capaces de reconocer nuestro fallos delante de nuestros hijos, lo que generamos es desconfianza. No se trata de explicarles con pelos y señales lo que ha pasado, pero sí debemos ser consecuentes con lo que decimos. Si les has dicho que sois amigos, ¿por qué entonces no podéis ir al cine una tarde todos juntos?

Si, por el contrario, no lo sois, decídselo. La relación que tengáis entre vosotros no les afectará tanto si la mantenéis al margen de vuestra relación como padres.

Por ejemplo, se le podría decir lo siguiente: «Vuestra madre y yo ya no somos novios, no estamos enamorados, pero siempre seremos vuestros padres y os querremos por encima de todo.»

Y no los dejéis con ninguna duda. Es mucho mejor responder a todas sus preguntas ahora, pero a su nivel y sin entrar en detalles, que contestar: «Ya lo entenderás cuando seas mayor.» Se trata de momentos muy delicados para todos, y los niños tienden a responsabilizarse de temas que no les pertenecen. Así que dejádselo lo más claro y sencillo posible.

La pubertad: su cuerpo está cambiando muy de prisa

Para ayudar a nuestro hijo/a a pasar por esta etapa de cambios tan fuertes, podemos transmitirles nuestra comprensión con tacto y discreción. Podemos decirles, de alguna manera, que comprendemos por lo que están pasando, porque nosotros ya lo hemos pasado antes, y que no hay que avergonzarse.

Los cambios a los que nos referimos son de tipo hormonal, estructural y fisiológico. Los tres se interrelacionan entre sí, puesto que los hormonales son los que determinan y causan las variaciones estructurales y fisiológicas. Tanto es así que si quisiéramos (en plan ciencia ficción) variar la estatura, no tendríamos más que acelerar o frenar el cambio hormonal. A continuación explicamos detenidamente en qué consisten estos cambios.

- **Cambios hormonales.** Las hormonas son las sustancias químicas, elaboradas en muy pequeñas cantidades por las diferentes glándulas endocrinas o de secreción interna, que regulan todo el metabolismo orgánico y participan en actividades fundamentales de la vida como el crecimiento y la reproducción. No son responsables únicamente de las modificaciones corporales que se experimentan a lo largo de la existencia, sino de que se tenga la piel más tersa, el pelo más sedoso, que se sufra una depresión o un ataque de histeria.

Los continuos cambios hormonales que viven los chicos y chicas a esta edad les producen variaciones de humor, altibajos emocionales o el pasar de estar triste a eufórico/a sin ninguna causa aparente. Este estado de ánimo inestable es la causa del típico «estar en las nubes», descentrados, faltos de atención y concentración, que puede afectar seriamente a su rendimiento escolar.

Los cambios hormonales también son responsables de que se

engorde o se adelgace repentinamente. Producen ansiedad, que habitualmente se suele calmar comiendo alimentos ansiolíticos, como el chocolate y otros dulces. En las chicas es frecuente que el período premenstrual acarree múltiples desarreglos de este tipo: unas ganas incontrolables de comer, dificultades para conciliar el sueño, astenia física...

Por otra parte, los cambios que descubren en su propio cuerpo a menudo les desconciertan, y no encuentran explicación. La desinformación produce la necesidad de buscar también explicaciones para estos estados de ánimo incomprensibles.

Muchas veces, las respuestas que se dan ellos/as mismos/as a las dudas que tienen sobre los cambios que padecen no son las correctas. Pueden relacionar toda esta situación con que se han enamorado o que son incomprendidos, lo que les lleva a la confusión. Lo que para los adultos es evidente, para ellos es nuevo y desconocido.

- **Cambios estructurales.** Un chico puede pasar de ser el más bajo de la clase a ser el más alto en cuestión de meses. Hay un crecimiento espectacular durante la adolescencia que a menudo ocasiona dolores musculares, malestar general o apatía.

El crecimiento demasiado rápido puede ocasionar una falta de control corporal que se traduce en movimientos poco gráciles o patosos, que conllevan una inseguridad añadida. Por otra parte, cuando el crecimiento es demasiado lento, suele ir acompañado de un sentimiento de incomprensión: «¿Por qué los demás crecen y yo no?» O justamente lo contrario: «¿Por qué soy tan alta?»

A esta edad, lo más traumático es ser diferente, sobre todo respecto a los cambios físicos. Si sus compañeros o amigos se afeitan y les ha cambiado la voz, un chico puede sentirse desgraciado porque no tiene ni un solo pelo en el cuerpo. Si sus amigas tienen ya pechos y ella no, la situación puede ser un drama. Pero, cuidado, la contraria también; es decir, que ella tenga pechos y las amigas no. Además, estos cambios físicos tan evidentes suelen atraer comentarios del tipo «¡Cuánto ha cambiado!», «¡Cómo ha crecido!», «Ya está hecho un hombrecito (o una mujercita)». Comentarios que son capaces de tirar por los suelos la mejor de las autoestimas.

- **Cambios fisiológicos.** Los mayores indicios de esta nueva situación fisiológica son la menstruación en las chicas y las poluciones nocturnas en los chicos. Tanto la menstruación como las poluciones son las respuestas fisiológicas al cambio hormonal que se está produciendo. El cuerpo se está preparando para entrar en la etapa reproductiva. La capacidad para reproducirse es el hecho primordial que marca la entrada en el mundo adulto.

Tanto en el caso de la chica como en el del chico es importante un acercamiento paterno, sobre todo para hablar sobre lo que les va a pasar y por qué. Este primer paso de acercamiento es difícil porque el tema es demasiado íntimo y los padres a menudo temen enfrentarse a él. Pero ambas situaciones son absolutamente normales y como tales hay que abordarlas.

Los chicos necesitan un confidente, preferiblemente el padre, que les explique por qué mojan las sábanas por la noche, por qué sueñan con chicas desnudas o por qué les atraen estas nuevas cosas, que hasta ahora consideraban ajenas a sus intereses. Siempre es mejor tener una charla de este tipo, adelantándose a la situación, para que cuando les ocurra sepan qué les está pasando. En el caso de las chicas, la actuación sería más o menos la misma: ayudarlas a que entiendan por qué se tiene la regla, para qué sirve y cómo evitar sus inconvenientes.

Signos de alerta

Como padres, nos hemos de preocupar, sobre todo, si vemos que nuestro hijo/a no se acepta. Son indicadoras de su no aceptación todas aquellas conductas que muestran rechazo al propio cuerpo: interés por cirugía estética, exceso de deporte, dietas salvajes, trastornos alimenticios...

Soluciones prácticas

La cuestión es saber tirar de la cuerda cuando es necesario y aflojarla cuando está a punto de romperse. Este punto es a veces difícil de encontrar, pero la flexibilidad y una lista clara de prioridades serán nuestras armas frente a un/a chico/a en plena pubertad.

La comprensión de su situación y de las incomodidades, vergüenzas e inseguridades que suponen estos cambios es lo que más agradecen.

Evita los comentarios que puedan aumentar su sensación de ridículo y muéstrale cómo todos hemos pasado por esta etapa. Recurre a vuestro álbum de fotos y enséñale las de vuestra juventud. Entre fotos y risas, seguro que cambiará su perspectiva para mejor.

Trastornos alimenticios. Anorexia y bulimia

Actualmente, el ideal de belleza tanto femenina como masculina ha cambiado. Se consideran mujeres guapas y con estilo las que antes se consideraban esqueléticas. La ausencia de curvas y la delgadez se están convirtiendo en una plaga para las adolescentes.

Ya no se busca agradar al sexo masculino, que continúa prefiriendo las redondeces, sino lo que está de moda socialmente. Y esos cánones los marcan las propias mujeres. Las revistas de moda van dirigidas a las mujeres y están hechas por mujeres y son muy diferentes de las revistas de hombres, en las que las mujeres que salen son generosamente curvilíneas.

Sin embargo, las adolescentes, al no tener un criterio propio bien formado, son muy influenciables por las modas y vulnerables a sufrir cualquier tipo de trastorno alimenticio, como la anorexia y la bulimia. Ambos trastornos se presentan cada vez más en edades más tempranas, y la prevención y la detección precoz son fundamentales para evitar peores consecuencias.

Los trastornos alimenticios se producen por la búsqueda desesperada del cuerpo ideal. Son una manera directa y activa de intentar cambiar una realidad que no gusta. En lugar de intentar sacar partido a los rasgos positivos, se distorsiona la imagen corporal que la persona tiene de sí misma. Por otra parte, estos trastornos suelen tener una mayor incidencia en las clases altas, donde se da mayor importancia a la imagen corporal.

La organización mundial de la salud (OMS) clasifica la anorexia y la bulimia como trastornos mentales y del comportamiento. El temor a engordar y la falta de autocontrol sobre la alimentación hace que los sentimientos y pensamientos determinen un estado anímico y mental que acaba en procesos depresivos.

Las personas que padecen este tipo de enfermedades habitualmente enmascaran sentimientos de inseguridad u otro desequilibrio emocional. Es difícil saber cuáles son las causas que ocasionan estos trastornos; normalmente nos encontramos ante un síndrome multifactorial. Por ello, el tratamiento debe llevarse a cabo con un equipo multidisciplinar, que ataque el problema desde las distintas perspectivas, siguiendo la misma línea y estableciendo distintos objetivos en diferentes etapas.

Según la Asociación de Psiquiatría Americana (APA), la anorexia afecta a 1 de cada 800 mujeres y, de ellas, 1 de cada 100 tiene entre 12 y 18 años. Según la misma fuente, la bulimia afecta a un 4,5 % de las adolescentes frente al 0,4 % de los varones.

Los adictos a la comida —otro tipo de trastorno alimenticio— desarrollan un comportamiento patológico compulsivo respecto a los alimentos. Suelen padecer sobrepeso, pero su imagen les afecta de manera relativa. Simplemente, la comida es lo único que calma su ansiedad, y entran en un ciclo vicioso, puesto que los atracones no consiguen sino el efecto contrario, aumentar la ansiedad.

La anorexia afecta a diez chicas por cada chico. Entre los 12 y los 17 años existe una mayor incidencia, ya que esta edad se caracteriza por una especial sensibilidad a las presiones sociales y culturales. Las personas anoréxicas padecen un miedo fóbico a engordar y el deseo obsesivo por estar cada vez más delgado, ya que se valoran únicamente por el aspecto físico. La anorexia se inicia con restricciones de alimentos básicos y constantes dietas draconianas. Suelen padecerla personas muy introvertidas, muy inseguras y autoexigentes. Las mujeres afectadas llegan a perder la menstruación.

Por el contrario, la bulimia se define como una obsesión por mantener el peso corporal y una dificultad para autocontrolar los hábitos alimentarios. Se diferencia de la anorexia por un aumento compulsivo de atracones de comida que son compensados con vómitos voluntarios, purgas y otras conductas anómalas. Padecen también intensos sentimientos de culpabilidad.

La clave está en prevenir esta situación: se trata de valorar otros aspectos de la personalidad y no sólo el físico, huir de comentarios alusivos a la delgadez, sobre las modelos, evitar las revistas, ir de compras y los espejos. Hay que fomentar la vida sana, la alimentación equilibrada, el deporte o el ejercicio físico moderado para, simplemente, estar en forma.

Los trastornos de comportamiento alimentario, según datos del Institut Municipal de Salut Pública de Barcelona sobre una población de 9.200 alumnos de ESO de una media de 13,5, años con el 50,8 % de varones y 49,2 % de chicas, muestra que el 40 % sigue o han seguido alguna dieta para adelgazar. El 80 % no incluyen en sus dietas suficientes cantidades de cereales, verdura, fruta y productos lácteos, mientras que el 95 % abusan del consumo de carne roja y embutidos.

Uno de cada cinco adolescentes, según los datos del mismo estudio, sale de su casa sin desayunar. Este dato es relevante ya que saltarse la primera comida afecta al rendimiento escolar. La incidencia es mayor en las chicas, y sólo una quinta parte están satisfechas con su físico.

Los modelos sociales son una influencia negativa para las adolescentes, precisamente cuando su cuerpo está experimentando continuos cambios. Los hábitos alimenticios y el control sobre éstos tampoco están bien establecidos.

Anorexia y bulimia

Anorexia. Se caracteriza por la pérdida del apetito. Tienen una imagen de sí mismas distorsionada, se ven gordas aunque estén muy delgadas. Empiezan a hacer todo tipo de dietas sin control y evitan la hora de comer. Se interesan de repente, o más, por los deportes o toda actividad que les haga consumir calorías. Evidencian una importante y progresiva pérdida de peso y mal aspecto físico general, cansancio y fatiga. Toman laxantes y pastillas para aguantar, su rendimiento escolar disminuye, pierden memoria, se desconectan, no se quieren, no se sienten queridas y difícilmente reconocen su situación y aceptan ayuda.

Bulimia. La ansiedad les lleva a comer compulsivamente y luego a vomitarlo. Las personas que la padecen son más difíciles de controlar o de darse cuenta, porque, al contrario que las anoréxicas, no se saltan ni una comida. Sin embargo, hay un dato que las delata, están sorprendentemente delgadas para lo que comen. Además, presentan problemas de insomnio y mal rendimiento escolar.

Signos de alerta

Cuando una persona está entrando en un proceso de anorexia o bulimia, adopta unas actitudes muy características que pueden servir para detectar el problema a tiempo. Las siguientes señales son indicativas de que existe un trastorno alimenticio:

— Comienzan a hacer dietas mal controladas y sin continuidad.
— Practican ejercicio de forma exagerada.
— Les cambia el carácter.
— Prefieren comer solos y ponen excusas continuamente para no comer.
— Cambian constantemente la forma de vestir, ya que no se gustan de ninguna manera.
— Muestran tendencia al aislamiento, pasan muchas horas en su habitación.
— Se pesan muy a menudo y siempre hablan de dietas; son expertos en contar calorías.
— Les gusta preparar comidas para los demás, pero rara vez las comparten.
— Van al lavabo inmediatamente después de comer.
— Usan laxantes y diuréticos.

Ante cualquiera de estas señales debe consultarse con el médico de familia, quien, en caso necesario, derivará al paciente a un psiquiatra o a un centro especializado en estas enfermedades.

Por otra parte, a nivel fisiológico, la serotonina, una hormona, interviene en la regulación del apetito y el estado de ánimo. Por tanto, tiene mucho que ver con los trastornos de la conducta alimenticia. Éstos también se relacionan con las disfunciones del hipotálamo, parte del cerebro que regula algunas sustancias hormonales y sus desórdenes. Lo que no está claro es si son las dietas severas las que precipitan estas alteraciones o son las alteraciones las que propician comportamientos descontrolados ante la comida.

Soluciones prácticas

La tarea de los educadores y de los padres como tales consiste en observar la conductas de los adolescentes y detectar cualquier cambio en sus costumbres habituales, generar diálogo, crear ocasiones de hacer confidencias... Necesitan alguien que les escuche y les aconseje sin que lo parezca.

Hay que ofrecer pautas coherentes, aceptar su crecimiento, sus derechos... y hablar. Ante nuestros hijos, debemos valorar otros aspectos de la personalidad y no sólo del físico. Así pues se deben evitar estereotipos sobre la delgadez y las modas, y huir de los «ideales» que ofrecen las revistas, películas y anuncios. Por el contrario, hemos de fomentar que se acepten tal como son, lleven una vida sana, una alimentación equilibrada, hagan deporte o ejercicio físico para estar en forma.

Las diferencias generacionales, por otra parte, no ayudan a superar esta situación, sino más bien al contrario. Los adultos deben hacer el esfuerzo de ponerse en el lugar de los adolescentes, de rememorar las situaciones vividas y aportar ese plus de comprensión de situación compartida que consigue aligerar la ansiedad que todos estos cambios corporales comportan en ellos.

La clave para valorar si esta transición se está llevando a cabo de manera adecuada sería observar las repercusiones y consecuencias de este período.

Si el adolescente vive este momento de cambio sin que se vean afectadas otras áreas como el rendimiento escolar, el sueño o las ganas de comer, quiere decir que la situación está controlada. Si, por el contrario, se registran cambios importantes en los hábitos fisiológicos, significa que está afectando seriamente a la esfera psicológica. Pensemos que el cuerpo siempre actúa como un intermediario, refleja y avisa de lo que está pasando a nivel afectivo o emocional.

¿Cómo podemos ayudarlos?

- **Prestándoles más atención.** Hemos de estar cuando nos necesitan; a menudo la ocasión hace la confidencia, así que cuanto más tiempo se comparta más fácil es que haya confianza.

- **Mostrando una actitud de ayuda.** Evita la prepotencia, se trata de escuchar y aprender. Ellos también pueden enseñarnos cosas a los mayores.
- **Siendo coherentes.** Debemos decir y hacer siempre lo mismo. A esta edad ya no es tan fácil engañarlos.
- **Transmitiéndoles nuestras experiencias de adolescentes.** O enseñándoles fotos de cuando nosotros, los padres, pasamos por esta etapa. Se les puede hacer partícipes también de situaciones parecidas que vivimos de adolescentes y cómo reaccionaban los abuelos. Explicarles las locuras que tanto los profesores como gente importante hizo cuando tenían su edad. Les ayuda a tener una perspectiva de la vida, imprescindible para situar los problemas y darles la importancia que tienen, sin sobrevalorarlos en exceso.

  En la escuela se puede proponer un trabajo de investigación sobre la historia familiar, sobre sus mayores y su evolución, cómo empezaron, cómo se enamoraron, cómo eran y adónde llegaron. Este tipo de trabajos ayudan a conferir un contexto a la historia individual de cada uno y a reconocer características físicas heredadas. «Me parezco a mi abuelo», «Soy igual de alto que mi padre», «Tengo el pelo de mi madre»... Todos estos aspectos hacen de hilo conductor que aporta mucha seguridad y entorno protector. Por eso, cuando no se tiene, como en los casos de adopción, se busca desesperadamente.
- **Enseñándoles a sacarse el máximo partido.** Jugando con sus características físicas relevantes y destacándolas, bien sea a través del vestuario o del maquillaje. Se puede «envidiar» algún detalle de su físico del que nosotros carezcamos para que se sientan valorados positivamente en el entorno familiar.
- **Previniendo situaciones.** Es básico adelantarse a los acontecimientos, no esperar que nos cojan desprevenidos. De esta manera se pueden solventar la mayor parte de las situaciones conflictivas. Eso exige tanto de los padres como de los educadores una tarea anticipatoria de buscar estrategias actuando en equipo.

Su propia inseguridad les hará buscar opiniones encontradas para reafirmar lo que ellos piensan o compararlo con lo que le dicen sus amigo/as. El arma infalible en estos casos es encontrar unos padres que funcionan como un equipo y defienden la misma postura, opinión o consejo delante de ellos sin intentar imponer su criterio, sino confiando en su propia responsabilidad.

La búsqueda de una estética propia. Las modas

Cuando ha habido una buena aceptación del propio físico, la persona tiende a conocerse mejor y a adaptar lo que a uno le queda bien de las modas, peinados, tintes, ropa... buscando una estética que favorezca y a la vez sea su tarjeta de presentación.

A esta edad, el chico/a se identifica con una estética determinada, que normalmente corresponde a un grupo ideológico. Cuanto más diferente de la estética de sus progenitores, mejor, puesto que el objetivo es autoafirmarse, rebelarse contra lo establecido.

Para un adolescente la manera de vestir suele tener una intención provocativa, de búsqueda de libertad. Utilizan el propio cuerpo como arma para manifestar sus ideas: *piercings,* tatuajes, rastas, pelos de colores, etc. A esta edad son rebeldes por naturaleza y su espíritu de contradicción desafía a los padres más atemperados.

Sin embargo, ante una provocación del tipo: «Aunque no os guste me voy a poner un piercing», si le respondemos «A nosotros no nos gusta, pero confiamos en que te lo harás en un buen sitio con medidas sanitarias para evitar cualquier infección o contagio. Es tu responsabilidad», el adolescente se suele frenar. Ya no sabe qué hacer, porque si se equivoca, no le puede echar la culpa a sus padres y eso le asusta. Es *demasiada* responsabilidad para él.

Los adolescentes, por otra parte, tienden a querer ser iguales para integrarse en un grupo. Para ellos ser igual significa ser normal. Los desfases respecto del grupo les causan inseguridad. El no ir vestidos igual, con el mismo pelo, moto, carpeta, bolígrafo les produce un sentimiento de vergüenza y ridículo que les dificulta relacionarse con los demás.

Su modo de vestir es su tarjeta de presentación, refleja una identificación con un grupo ideológico, condicionando incluso su conducta. Según la estética elegida se modifica su comportamiento. Existen varios grupos urbanos bastante diferenciados en su estética con unas normas de conducta bastante estereotipadas:

Los deportistas. Les va el culto al cuerpo, se pasan el día en el gimnasio, trabajando abdominales o forman parte de un equipo de fútbol o básquet, y toda su vida gira en torno al deporte. Su look externo se basa en tejanos, deportivas y camisetas; suelen estar bronceados y su aspecto es muy natural y saludable. Huyen de todo tipo de artificios o maquillajes. Son de la liga antitabaco y sólo beben zumos de fruta natural.

Los pijos. Llevan ropa de marca y siempre están en los lugares de moda, luciendo el coche de papá. Los chicos derrochan gomina y ellas abalorios de marca, joyas y sofisticados maquillajes. Su filosofía se basa en el culto al poder económico, son «niños de papá»: lo que no cuesta dinero no vale la pena. Toman pastillas de diseño y gin-tonic. Fuman, aunque intentan dejarlo.

Los moteros. Su pasión por las motos determina una imagen dominada por las «chupas» de cuero negro y los tatuajes. Se hacen los duros y tienen una jerga especial. Las cervezas y las carreras de motos dominan su existencia.

Hippies ecologistas. Meditación, antiglobalización, yoga, siesta, hierba... Su misión es salvar el planeta o «flipar» con hongos alucinógenos. Se suelen vestir con tejanos deshilachados, llevan parches de colores, camisetas de flores, el pelo largo con trenzas de colores, alpargatas o chanclas y chalecos con flecos.

Modernillo o bohemio. Suelen ser artistas, les va la pintura, el diseño, las películas de culto, los graffitis, y sus colores básicos son el negro, el gris y más negro. Suelen llevar el pelo recogido con coleta y un solo pendiente. Su mundo está donde se encuentra la vanguardia artística. Conocen a los últimos *cracks* y coleccionan cómics de culto.

Cyberintelectuales. Son serios y expertos en Internet. Todo lo saben y dominan las nuevas técnicas para acumular información. Las páginas web son sus reductos, se sienten como en casa y los domina la realidad virtual. No les preocupa su indumentaria ni el aspecto físico, pero están al día de lo que pasa en el mundo, ya sea a nivel tecnológico, económico, político o social.

Signos de alerta

Nos hemos de preocupar de nuestros hijos adolescentes cuando existe una excesiva dependencia de la moda, de qué dirán los amigos, miedo a no integrarse en el grupo por no ir como ellos, cuando hay imitación, fanatismo, excesiva afición por las marcas...

Hay un momento clave en que el adolescente debe mostrar sus preferencias y desmarcarse, demostrar que tiene criterio propio. Si las actitudes inflexibles con las marcas, el modo de vestirse y las tendencias se vuelven demasiado rígidas, deberemos intuir que existe algún problema interno.

Debe extrañarnos cuando un chico o chica de esta edad no puede salir de casa si no lleva determinada prenda, le falta algún detalle de su indumentaria o se queda solo en casa porque no tiene la misma moto que llevan sus amigos.

Estos extremos son peligrosos, ya que son actitudes exageradas e inflexibles que nos demuestran poca capacidad para adaptarse a las circunstancias por parte del chico o de la chica. Eso esconde una exacerbada inseguridad en sus valores personales, cree que si no lleva esto o no tiene lo otro, no será valorado por el grupo. Subyace en él un cierto temor a no ser apreciado por sí mismo, sino por las cosas superficiales que son los rituales del grupo al que se quiere integrar.

Soluciones prácticas

Es importante tener claras cuáles son nuestras prioridades:

— Hay que ceder en algo y la manera de vestir o peinarse quizás es la más accesible. Es importante reconocer que es una fase pasajera. Cuanta más oposición encuentren, más difícil será superar esta etapa.
— Conviene evitar las recriminaciones y los enfrentamiento directos, pero mantener unas normas de conducta y respeto a los demás claras y firmes.
— Hay que apoyarlos y ayudar a formar una estética propia en la que se puedan sentir diferentes, únicos, especiales.
— Es importante fomentar los valores personales internos, por encima de lo superficial.

— Podemos recordar con ellos a través de viejas fotos las etapas vividas por los padres: de hippy, motero, rebelde o moderno. Les ayudará a identificarse y a crear vínculos afectivos con una figura, paterna o materna, con la que compartir un look determinado.

Retos intelectuales, personales y de integración

En nuestra sociedad occidental se suele valorar mucho el aspecto intelectual de los chicos/as de esta edad, puesto que a través de su rendimiento evalúan sus capacidades para enfrentarse al mundo adulto. Éste, sin embargo, es un mito que debemos desterrar, ya que no hay ningún estudio científico serio que certifique que el hecho de ser un buen estudiante durante la pubertad y la adolescencia asegure un éxito profesional y personal en la vida adulta.

Por otra parte, en la esfera intelectual, uno de los hechos relevantes que marca la diferencia respecto a etapas anteriores es la aparición del razonamiento abstracto. Alrededor de los 12-13 años, la evolución del pensamiento llega a un punto en el que por primera vez se puede razonar y elucubrar sobre algo que no se ve, se oye o se palpa; es decir, más allá de la simple percepción.

Ahora aumenta progresivamente la capacidad para reflexionar sobre cuestiones hipotéticas y para tomar su propio pensamiento como objeto y razonar sobre él, guiado por la irresistible y a veces dolorosa conciencia de uno/a mismo/a, que proviene de los rápidos cambios físicos, fisiológicos y psicológicos de este período.

El desarrollo intelectual en esta etapa se refleja no sólo en las actitudes y valores que los chicos y chicas adoptan respecto a los padres y la sociedad, sino también en las actitudes respecto a sí mismos. Habrá características de la personalidad y mecanismos de defensa psicológicos que pondrán a prueba en esta etapa.

La chica o el chico se volverán, probablemente, más introspectivos y analíticos. Se tornan egocéntricos y autocríticos, y es frecuente el uso de la metáfora y la ironía. Les agrada también lo absurdo.

El gusto que sienten por el uso del doble sentido, además de para tentar y provocar a los adultos, parece representar una oportunidad para demostrar una nueva destreza cognoscitiva. Otro tanto podría decirse de la capacidad para apreciar la sátira social o de su destreza para hacer observaciones aparentemente inocentes pero cortantes.

Su desarrollo cognoscitivo también desempeña un papel importante en el surgimiento de un sentido de identidad bien definido. Al apartarse de lo concreto, al razonar, al concentrarse, al ensayar hipótesis, tratan consigo mismos. Como si se dijeran: «Quién soy yo, esta persona que piensa, que adopta una actitud, que expresa una opinión.»

Por otra parte, la intelectualización puede ser empleada como defensa psicológica por algunos chicos y chicas para enfrentarse a ansiedades perturbadoras. La intelectualización es poner de forma abstracta, impersonal, filosófica, cuestiones que constituyen realmente un motivo de preocupación inmediata personal.

Por eso, las discusiones aparentemente impersonales, altamente elaboradas de los fundamentos filosóficos del amor libre en contraposición al matrimonio, por ejemplo, de la violencia, de la responsabilidad frente a la libertad, de los fundamentos de la amistad, pueden ser un reflejo fiel de sus intereses personales.

Esos razonamientos, debates o discusiones pueden indicar, por ejemplo, que existe para ellos una grave preocupación por la forma en que se deben manejar los insólitos e insistentes impulsos sexuales, los sentimientos agresivos o cómo deben resolverse los conflictos entre la infantil satisfacción de los deseos y una creciente conciencia más exigente.

Conductas agresivas

El niño muestra en su infancia una serie de conductas agresivas. Dependiendo de la respuesta que encuentre dichas conductas se reforzarán o por el contrario se extinguirán. Si viven un ambiente de poca tolerancia hacia las manifestaciones agresivas y éstas se contienen de un modo firme, pero sin utilizar la violencia, se evita la posibilidad de que se reafirmen.

En consecuencia, el modo a través del cual los padres pueden disminuir la probabilidad de que sus hijos sean agresivos, se basa en la exhibición de una conducta claramente contraria a las manifestaciones agresivas. Es importante que, al mismo tiempo, se tome la precaución de evitar castigos de carácter abiertamente ofensivo cuando los niños manifiesten conductas de esta naturaleza.

La búsqueda de un rol en el grupo

Una de las principales teorías psicosociales sobre la formación de grupos es la de L. Festinger (1957), que afirma que los seres humanos buscan un estado de armonía en sus conocimientos, creencias u opiniones acerca del ambiente, de la propia persona o de su conducta. Éstas pueden ser relevantes o irrelevantes. Cuando son relevantes y no existe armonía se produce una situación de conflicto o disonancia

Los individuos, además, cambian su manera de reaccionar cuando están integrados en un grupo. Un chico inseguro puede actuar de líder en una pandilla en la que lo consideran importante por alguna característica determinada. Cada uno representa el rol o papel que se le asigna dentro del grupo familiar, de amigos de escuela.

Signos de alerta

Debemos preocuparnos cuando:

— Se adoptan papeles incongruentes con la propia personalidad o cuando ésta se crece con la fuerza del grupo.
— El grupo es lo más importante, se pierde perspectiva y se dejan de lado las propias opiniones en función de los criterios del grupo.
— No es capaz de enjuiciar objetivamente lo que le dicen, se lo cree todo y actúa según los criterios de personas que lo manipulan.

Soluciones prácticas

Debemos darles pautas y aportarles seguridad en sí mismos. Enseñarles que si en un grupo no se está a gusto, hay que saber salirse. Han de aprender también a aceptar las normas sociales y de convivencia.

En este momento del desarrollo intelectual, como antes hemos comentado, se tiene la capacidad para cuestionar los criterios de las normas establecidas: de tráfico, morales, religiosas... A esta edad, sienten necesidad también de aceptar riesgos, de saltarse lo establecido; pueden resultar prepotentes, no distinguir o faltarles prioridades.

Por eso es importante que elaboren unos criterios éticos válidos con la sociedad en la que viven. Es necesario, por lo tanto, que hagan un aprendizaje sobre las consecuencias de saltarse las normas, como visitar centros de rehabilitación, hospitales, la Cruz Roja, etcétera.

Es primordial también ayudarles a tener criterio propio valorando con ellos comentarios que aparecen en los diarios, en la televisión, de personajes famosos, y ser críticos con los anuncios, las revistas de moda, la publicidad...

Por otra parte, en esta época de avances tecnológicos tan importantes, los padres debemos tener cierto control sobre Internet o el Messenger. Al navegar por la red, nuestros hijos pueden entrar en sitios que no les convengan. Debemos enseñarles y guiarles, ponerles normas y demostrarles que los mayores también dominamos los trucos de la red y sus lenguajes. También les podemos pedir ayuda, o a la inversa, para que cojan confianza en nosotros.

Prohibirles navegar por Internet, negarles la televisión, el ordenador o la consola generaría sin lugar a dudas una mayor necesidad de recurrir a la pantalla. La mejor manera de controlar su abuso es ofreciendo alternativas reales que les produzcan un sentimiento de estar vivos tan definitivo, que sean ellos mismos los que se autocontrolen.

Quinta parte

14-18 años: La adolescencia

Rebelde... ¿sin causa? La transgresión de la norma

«Nuestro hijo ha cambiado. Ya no funciona nada de lo que hasta ahora nos daba buenos resultados.» «Estamos desconcertados; no nos ponemos de acuerdo en cómo llevar la situación.» «Si se alarga demasiado va a acabar con nosotros.» Éstas suelen ser las primeras impresiones de unos padres con hijos adolescentes, cuando su vida familiar se ve alterada, de forma brusca y sin saber por qué, y todo se complica.

Cada fin de semana hay un problema. Los padres muchas veces ya no esperan al viernes para pensar en el tiempo libre, sino que es el lunes el día deseado. Buscan la rutina diaria para huir de una situación que los desborda y ante la cual no saben cómo actuar.

La «edad del pavo» ha alcanzado de pleno a nuestro hijo/a. La adaptación a los cambios aún no se ha superado, pero ahora lucha por integrarse en un mundo de adultos en el que rigen unas normas diferentes a las suyas.

La siguiente cita describe a la perfección la situación actual de la juventud y el conflicto generacional que siempre ha existido: «Nuestros jóvenes de hoy en día aman el lujo, tienen pésimos modales y desdeñan la autoridad. Muestran poco respeto por sus superiores y prefieren las conversaciones insulsas al ejercicio. Los muchachos son ahora tiranos en los hogares. Ya no se levantan cuando alguien entra en casa. No respetan a sus padres, conversan entre sí cuando están en compañía de mayores, devoran la comida y son unos déspotas con sus maestros.»

Indudablemente, el proceso de cambio que es la adolescencia ha ido variando con el desarrollo de la humanidad, pero ha existido siempre. La cita anterior son palabras de Sócrates del año 470 antes de Cristo. Aristóteles, discípulo suyo, también calificaba a los jóvenes como «apasionados, irascibles, categóricos en sus afirmaciones y propensos a dejarse llevar por sus impulsos». Sin embargo, es a finales del siglo XIX cuando comienza a considerarse como una etapa diferenciada del desarrollo, psicológicamente compleja. Así que no nos olvidemos: los problemas generacionales han existido siempre.

Las claves para tratar a un adolescente: comunicación y respeto mutuo

La mayor preocupación de los padres en este periodo es saber si nos podemos fiar de un hijo, si sabremos distinguir cuándo miente. Como padres, no sabemos bien cuáles han de ser los límites. «¿Le tenemos que tratar como un adulto?», nos preguntamos. «¿Puede llegar a la hora que quiera y salir cuando quiera?» «¿Nos hemos de meter entre ellos y sus amigos si éstos no nos gustan?» En resumen, lo que nos cuestionamos como padres es cuál ha de ser la postura adecuada para sobrevivir con éxito a la adolescencia de nuestros hijos.

Debéis saber que numerosos estudios científicos han comprobado que las posturas extremas son las más problemáticas. Tanto por exceso de libertad como por normas rígidas. Hay que saber encontrar un punto medio que permita un equilibrio entre sus demandas y nuestros límites como padres.

La coherencia es la base en la que se sustenta el respeto. Si decimos algo, debemos hacerlo. Si prometemos algo, debemos cumplirlo. Y hemos de ser los primeros en respetar las normas, tanto las familiares como las de la escuela y de la ciudad en la que vives.

Hemos de dar ejemplo y respetar las normas ciudadanas, las de tráfico, las de la escuela, a los profesores, a las personas que nos rodean. Siendo educados con todo el mundo, ellos imitarán nuestro comportamiento. Si un profesor, por ejemplo, le castiga y nosotros lo desautorizamos ante el chico, ¿cómo va a poder ayudar a nuestro hijo adolescente? Los profesores son los mejores aliados de los padres en este camino.

Por otra parte, comunicarse con un adolescente no siempre es posible. Su afán por preservar su independencia puede que lo haga hermético y reservado. ¿Cómo atravesar pues esta barrera de incomunicación?

— Evitando los interrogatorios excesivos.
— Generando momentos para charlar.
— Huyendo de las continuas recriminaciones y valorando sus aportaciones.
— Teniendo en cuenta sus opiniones; ya no es un niño.
— Trátale de tú a tú, pacta y razona; no te impongas por la fuerza.
— Escúchalo.

En resumidas cuentas, afianzar el respeto mutuo es indispensable para que nuestro hijo o hija se deje guiar sin problemas. Todavía está formando su criterio y necesita nuestra ayuda.

Objetivo

— Entenderlo/a. Saber qué les pasa y por qué.
— Observarlo. Anotar determinadas reacciones para tener datos objetivos.
— Comprender sus reacciones; no quiere fastidiarnos, simplemente está desorientado/a.
— Escucharlo para conocerlo mejor y para que se sienta apreciado en sus opiniones.
— Darle pautas firmes en las que se pueda apoyar.
— Evitar los juicios de valor.
— Fomentar el diálogo.
— Aprender a identificarse con él o ella, y recordar nuestra adolescencia.
— Ser coherentes; no decir una cosa y luego hacer otra.
— Confiar en nuestro hijo o hija, y lo más importante: ¡demostrárselo!

Los miedos

Los adolescentes suelen a menudo posponer sus obligaciones con diferentes excusas. Éste es un hábito que a menudo esconde miedos e inseguridades. Esta costumbre propia de los jóvenes, todavía inmaduros e irresponsables, se conoce como el hábito de posponer.[1] Tiene un efecto muy negativo en la propia autoestima, puesto que les hace sentirse muy mal consigo mismos.

Retrasar continuamente las tareas a realizar con falsas excusas es una manera de ocultar las propias inseguridades y no afrontar las dificultades. Otra de las consecuencias negativas es que dificulta que el individuo progrese y camine hacia adelante.

Miedo al fracaso

Los adolescentes que padecen este miedo temen la crítica y que los que les rodean se den cuenta de sus fallos. Dejan las cosas importantes para el último momento porque de esta forma evitan poner a prueba su verdadera capacidad al carecer del tiempo material para hacerlas. En el fondo son unos perfeccionistas que se ponen modelos poco realistas y que se resisten a aceptar que las cosas suelen conseguirse con constancia y esfuerzo.

Es el caso de Ana, una chica con más de cuarenta kilos de sobrepeso que le creaban innumerables problemas de salud. Ella solía decir entre bromas que si no era para ser una modelo, no valía la pena intentar bajar de peso. En el fondo se sentía muy desdichada, pero era tal el temor a afrontar su obesidad —hacer ejercicio, cambiar sus hábitos alimenticios o pedir consejo— que se resistía a hacer cualquier cosa para ayudarse a sí misma.

Miedo al éxito

Otros no temen al fracaso, sino las consecuencias de conseguir lo que quieren. No saben qué hacer con los halagos y, cuando las cosas van bien, temen que algo malo vaya a sucederles. Evitan revelar que están interesados en algo y muchas veces dejan de esforzarse cuando están a punto de conseguir sus objetivos.

Los hay que evitan comprometerse y en su lugar desarrollan muchas actividades e intereses que los atrapan y les impiden progresar en una dirección concreta. Estos jóvenes creen que si llegan a la

1. Doctoras Burka & Yuen, *El hábito de posponer*, Universidad de Berkeley, Berkeley, 2000.

cima, se convertirán en centro de atención y críticas, tendrán que dedicar mucho tiempo a sus obligaciones y perderán el afecto de sus allegados. Tienen miedo a progresar.

Miedo a ser controlado

Son los típicos jóvenes que se saltan las normas: de los lugares públicos, de tráfico e incluso las mínimas reglas de cortesía. En la escuela se quejan de cualquier exigencia y entregan lo que se les pide en el último momento. De esta manera consiguen que se irriten los que les rodean y se frustren por su lentitud, para que, finalmente, les dejen hacer las cosas a su manera.

Miedo a una unión afectiva

Temen el compromiso y sólo se sienten cómodos guardando las distancias. Les preocupa que alguien pueda exigirles algo. Casi nunca organizan actividades con sus amigos y, en su lugar, esperan a que sean los demás quienes lo hagan.

Siempre lo dejan todo para el último momento, como mejorar su aspecto; posponen las citas, ir a las fiestas o participar en actividades en las que puedan conocer a gente en un clima demasiado íntimo. Suelen mantener relaciones superficiales por miedo al fracaso, cuando en realidad sueñan con la pareja perfecta que les acepte sin condiciones. En el fondo, temen sentirse vulnerables.

Miedo a ser independiente

Llenos de inseguridades, estos adolescentes piden muchos consejos, pero difícilmente acaban por decidirse y prefieren mantenerse en un segundo plano y que otros tomen decisiones. Los adolescentes que temen su propia independencia creen que sólo podrán mantener el interés de los demás si se ven en dificultades. Les preocupa que si demuestran que pueden cuidarse solos, se verán abandonados. La actitud de los padres en este caso es determinante. Demasiada libertad puede generar este miedo oculto que se traduce en: «No le importo a nadie.»

Soluciones prácticas

— Mantened vuestra propia perspectiva.
— Sed flexibles.
— Estableced límites claros y realistas.
— Ayudadles a tener objetivos intermedios.
— Recompensad sus progresos.
— Expresadle vuestro enfado de forma directa.

La autoridad compartida. ¿Dónde ponemos los límites?

Ser demasiado permisivos o demasiado autoritarios puede tener consecuencias negativas. Una disciplina extrema puede desembocar en una adolescencia problemática de la misma forma que el exceso de libertad y una permisividad sin límites. El equilibrio es lo que funciona mejor desde el punto de vista educativo.

Todos los estudios realizados sobre adolescentes desestructurados, fracasados o con adicciones surgen de familias extremas, bien por un lado, bien por el otro. Hay que saber estar ahí, a su lado, pero sin dejarnos pisar. Además de inmediatez y firmeza, el establecimiento de unos límites válidos requiere, por otro lado:

- **Consistencia.** No debilites las reglas establecidas por tu pareja. Los desacuerdos deben discutirse en privado, nunca delante de ellos. Les darías una oportunidad de oro para rebatir tus razonamientos.
- **Claridad.** Estableced una reglas simples y claras. Explicadlas de antemano para que no haya dudas sobre las normas que imperan en la casa.
- **Flexibilidad.** Con los adolescentes, las imposiciones suelen dar mal resultado, pero los pactos y las negociaciones funcionan muy bien si se establecen por adelantado, no a toro pasado. Hay que aprovechar el carácter individual de cada uno para ajustar las reglas de forma personalizada. Cada hermano funciona de diferente manera. Mantened, sin embargo, los mismos criterios entre hermanos, aunque varíe la forma.
- **Privacidad.** El adolescente tiene un sentido del ridículo muy acusado y los castigos o sermones públicos en presencia de amigos, her-

manos u otros adultos pueden tener el efecto contrario al esperado. Para superar esta humillación y demostrar a los demás que no le ha afectado para nada, su comportamiento puede empeorar aún más.

- **Comprensión.** Razonad todas las reglas en lugar de imponerlas y escuchad también su punto de vista.
- **Independencia.** Intentad aumentar el papel del adolescente a la hora de tomar decisiones que afecten a su vida. La responsabilidad da la independencia. Promovedla y exigidla dentro de un marco de libertad y confianza.
- **Autoridad.** Hay que demostrarles que confiamos plenamente en nuestro criterio y sentido común. Las dudas e inseguridades nos empujan al fracaso educativo.
- **Actuar de forma conjunta ambos padres.**

Soluciones prácticas

La idea general pasa por no ser colega o amigo de tu hijo. Sois los padres y, como tales, responsables de decirle las verdades desde la comprensión y el apoyo. Hay que estar a su lado, sin dejarse avasallar o pisar. Tener hijos de esta edad agota al más pintado, no te dejan respirar y, sin embargo, hay que mantener el control. Si seguís los pequeños trucos que os ofrecemos a continuación, todo será más fácil.

— Aprended a negociar. Si tenéis opiniones distintas, hay que intentar dialogar y ceder, negociando puntos de vista intermedios, sin imponer. No sólo hay una manera de ver las cosas. Hacedlo por turnos, un día como lo propone él, otro como piensas tú. Comparad resultados y elegid tomando una decisión conjunta.

— Implicaos por igual como padres. Es bueno saber que podéis contar el uno con el otro, que os necesitáis. Que uno sirve para contar historias y otro consigue que se coma toda la verdura. No dejéis pasar la oportunidad de valorar positivamente y en voz alta las iniciativas de vuestra pareja. Os hará sentiros más unidos.

— Si no hay acuerdo y la situación os supera, es importante contar con la opinión de un experto profesional, un psicólogo, un psiquiatra... Acudid juntos a las reuniones con los profesores, os ayudará a trazar unas directrices más adecuadas para ayudar al niño.

— Marcaos objetivos. Una buena disciplina exige tres pautas: debe ser planificada, comunicada e impuesta firmemente por ambos. Proponed a vuestro hijo/a pequeños objetivos concretos, que se acueste a su hora, que no juegue con la tele...
— No hay que desautorizarse. El sentirse rechazado delante de los niños es humillante. Hay que saber morderse la lengua y respetar las decisiones de cada uno, aunque no se compartan. A puerta cerrada, se hablará entonces de las diferencias.
— Compartid responsabilidades. Si uno le cuida entre semana, el otro padre o madre el sábado lo lleva al parque o de paseo... Igual que los dos debéis disfrutar de vuestro hijo, los dos habéis de cuidarlo.
— Sed positivos, desterrad de vuestro repertorio la ironía, los ataques personales, las actitudes impasibles o defensivas. Cooperar y trabajar en equipo siempre da mejores resultados.

Nos asaltan las dudas. Cómo detectar y prevenir adicciones

Éste es un tema que preocupa mucho a los padres con hijos adolescentes, que se preguntan cómo pueden estar seguros de que sus hijos no consumen drogas, pastillas, éxtasis, marihuana, si fuman o ya tienen relaciones sexuales.

Realmente, las cifras de consumo de drogas entre adolescentes son escalofriantes. Sin embargo, no existe ningún método que pueda asegurarnos lo que hacen nuestros hijos cuando nosotros no estamos con ellos.

Podemos someterlos a análisis de sangre, mirarles los ojos a ver si los tienen demasiado vidriosos, podemos registrar sus pertenencias e incluso espiar o rastrear lo que hacen en Internet. Los hijos son responsabilidad de los padres, y si ellos no saben cuidarse solos, los padres han de estar detrás. Sin embargo, lo único que puede hacer que durmáis tranquilos por las noches es la confianza de que le habéis dado los criterios y valores suficientes para saber desenvolverse solo por el mundo.

Los jóvenes, cuando prueban por primera vez las drogas, sean cuales sean, experimentan un estado de bienestar, euforia, «flipan», creen incluso que controlan más la situación, están más tranquilos, se amplía su capacidad de comunicación, se desinhiben e incluso en algunos chicos aumenta la capacidad de erección. Todo ello les incita a repetir.

Además, la desinhibición que provoca este tipo de sustancias ayuda a vencer la timidez propia de este período y a bajar el nivel de ansiedad, porque modifican los niveles de determinadas hormonas en sangre. Este efecto crea adicción, primero física y posteriormente psicológica.

Las drogas de diseño, en general, no crean adicción física como la cocaína o la heroína, sin embargo, el éxtasis líquido sí la crea. Y la persona que lo toma necesita cada vez una dosis mayor para sentir los mismos efectos.

Algunas veces las drogas se utilizan con fines delictivos, para robar a alguien o incluso para cometer una violación. Se conocen varios casos de chicas que fueron violadas después de que se les introdujo droga en la bebida. Las sobredosis, por otra parte, tienen resultados desastrosos, claro; el coma puede sobrevenir por tomar una dosis demasiado alta, demasiado concentrada o mezclada con alcohol o, simplemente, porque quien lo toma no lo pueda metabolizar.

Toda esta información nos ha de ser útil a los padres y educadores para prevenir estas situciones. La primera parte del trabajo consiste en una buena información, constante y continuada previa a las situaciones de peligro. Los jóvenes han de estar prevenidos de lo que se van a encontrar y conocer las consecuencias a fondo.

Es importante que los adolescentes no sólo conozcan las posibles y nefastas consecuencias de la ingesta de drogas, sino que lo vean en directo. Con esto queremos decir que las visitas —también como voluntarios para ayudar— a centros de toxicómanos pueden ser muy efectivas. O contarles experiencias directas de amigos, o que éstos se las cuenten.

El objetivo es conseguir que vivan el problema de las drogas en su propia piel, de cerca, no como un «rollo» que ven por la tele. Hemos de pensar que los adolescentes de hoy en día están inmunizados contra el exceso de información cruda y violenta. Practican el *zapping*, se sienten alejados de lo que ven por la pantalla del televisor y creen que eso no va con ellos, que son diferentes. No tienen conciencia del peligro.

Diferentes estudios científicos sobre la influencia de la educación de los padres en la evitación de situaciones conflictivas como la embriaguez, drogadicción o las conductas sexuales precoces corroboran la siguiente hipótesis: padres con ideas firmes y claras con un elevado nivel de interacción afectuosa con sus hijos evitan estas situaciones; por el contrario, tanto padres demasiado autoritarios como excesivamente permisivos, exentos de contacto afectivo, generan hijos problemáticos.

Por tanto, es tarea de los padres, como primeros responsables, y de los educadores, como profesionales encargados de su educación, proporcionarles:

— Un buen criterio propio.
— Elevada autoestima.
— Seguridad en sus propias decisiones.
— Valentía para enfrentarse a los demás, al grupo.

Éstas serán sus armas, sus recursos a la hora de afrontar situaciones y decisiones delicadas. Hay que pensar, además, que las primeras experiencias con las drogas se hacen con las llamadas drogas blandas, el alcohol y el tabaco, que están bastante aceptadas socialmente a pesar de las actuales normas gubernamentales contra el tabaco y las campañas de información preventivas.

Es muy difícil, por otra parte, que un joven que no fuma y está convencido de los motivos por los que no lo hace fume posteriormente un porro y luego pruebe drogas más fuertes... Y lo mismo ocurre con el alcohol. Estas dos sustancias nos ofrecen un buen campo de pruebas, nos sirven para comprobar las capacidades de razonamiento, criterio y vulnerabilidad de nuestro hijo/a.

Una de las consecuencias más llamativas y contradictorias de la ingesta de drogas es la pérdida del control, la euforia, mientras crees que la situación está controlada, que porque te fumes dos porros o te tomes unas cuantas pastillas no pasa nada...

Las drogas, sin embargo, afectan de modo notable a la fisiología y psicología del individuo. La inseguridad, el pensar que gracias a ellas uno consigue ser diferente implica que la persona no se gusta como es o que se ha creado una dependencia excesiva de las opiniones del grupo: no se quiere ser diferente, falta seguridad, confianza en uno mismo... Pero no se sabe a ciencia cierta con qué se está jugando. A esta edad se peca de prepotencia, hay que tener miedo de lo desconocido... Las drogas son un mundo muy complicado y que tiene implicaciones psicológicas graves. Hay que ir con mucho cuidado con ellas.

Soluciones prácticas

La información sobre este tema ha de ser profunda y continuada. Nuestros hijos e hijas han de saber que las pastillas también son drogas, y muy peligrosas. Como ya hemos dicho, han de ver las consecuencias de quedarse enganchado y no por la televisión sino en directo. A cada franja de edad le corresponde una actuación determinada:

- **Terapia preventiva.** La edad ideal para interiorizar este tipo de experiencias suele ser al principio de la adolescencia con 12-13 años, cuando empiezan la ESO, edad en la que son muchos más receptivos. Se trata de llevarlos a un centro de toxicómanos como voluntarios. Es importante que ayuden a un drogadicto a superar el «mono», que comprueben el estado tanto físico como psicológico en el que quedan y que el adicto les explique cómo llegaron a ello. El objetivo es conseguir que les llegue a la piel. Este tipo de iniciativas han de situarse siempre dentro de un programa escolar dirigido y asesorado por profesores especializados.

  A menudo la información televisiva no es suficiente, hay que meterles el miedo en el cuerpo. El aprendizaje directo a través de experiencias vividas marca y previene mucho más que las conferencias, anuncios y reportajes, sobre los que los chicos de hoy ya están inmunizados. Muchas veces caemos en el error de sobreprotegerlos en exceso de la cruda realidad, pero eso no les ayudará cuando tengan que enfrentarse a situaciones reales.
- **Información práctica.** La pueden recibir a partir del momento en que ya están en la «movida», con 14-16 años, edad en la que empiezan a frecuentar locales de moda, discotecas, etc. Para entonces, han de tener clarísimo qué es lo que NO hay que hacer bajo ninguna circunstancia.

  El objetivo es que tengan tan automatizadas estas respuestas que les salgan sin pensarlas; debemos evitar que tengan dudas o indecisiones. Aún no están preparados para decidir lo que quieren, ni tienen suficiente criterio propio; simplemente se dejan llevar. Por eso hay que repetirles, hasta que se les queden grabados, los siguientes consejos o pautas:

— No aceptes bebidas que no controlas o conoces. Lo mismo se puede aplicar respecto a los cigarrillos, pastillas, chocolate...
— Rechaza las bebidas «comunitarias».
— Es conveniente salir siempre con algún amigo de confianza, nunca solo/a.
— El éxtasis líquido tiene un cierto sabor salado. Si notas un gusto o un olor extraño, deja la bebida.
— Exige que abran la botella o la lata delante de ti, y evita todo lo que no veas de dónde procede.
— No te fíes de nadie que no conozcas.

Hacemos tanto hincapié en estas instrucciones detalladas porque lo más peligroso del mundo de las drogas son las adulteraciones, y han de estar prevenidos contra ello. Las siguientes también son maneras de ayudar a nuestros hijos a no caer en las drogas:

- **No hay que prohibirles que lo prueben, sino aconsejarles cuál es la postura de los padres y profesores respecto a este tema.** Es importante no establecer dos frentes opuestos, sino estar a su lado, favorecer el clima de confianza, ya que desde posiciones más cercanas hay más posibilidades de poder ayudar.
- **Cread un clima afectivo de comprensión y apoyo.** Durante toda la etapa de la adolescencia, que abarca desde los 12 a los 18-20 años, dependiendo de los casos y la rapidez de maduración de cada uno, la paciencia debe ser una constante. Aunque sabemos que es un proceso y que normalmente se pasa con la edad, hay que saber tenderles la mano, estar ahí, escucharlos, compartir y no imponer el criterio de los adultos sin darles tiempo a asimilar todos los cambios que se avecinan.
- **Enseñadles a disfrutar de la vida, sin necesidad de aditivos.** Es importante organizar fiestas en casa, conocer a sus amigos, darles recursos para que se lo pasen bien sin necesidad de acudir a los locales de moda. Evitad las ocasiones de peligro; a menudo es la mejor manera de prevenir problemas mayores.
- **Tenedlos ocupados, sobre todo el fin de semana.** No hay nada peor que todo un fin de semana por delante sin nada que hacer y en la

ciudad. Actividades deportivas, salidas culturales, comidas de familia... cualquier plan atractivo que convierta los fines de semana en algo agradable y divertido para todos. Cuanto más retrasemos la entrada en la rutina de las salidas nocturnas, mejor. La razón es sencilla: cuanto más tarde empiecen más formados estarán y mayor criterio propio habrán elaborado. Hay que pensar que a partir de los 18 años poco se les puede decir ya. Por lo tanto, todo el tiempo que ganemos jugará siempre a favor. Aun así, les quedan muchos años de movida nocturna.

- **Hay que evitar dejarlos solos.** Aunque ya sean mayores, 13, 14, 15 años, éstas son edades difíciles y es mejor estar con ellos.
- **Compartid con ellos alguna afición.** Los padres pueden salir con los hijos o hijas en moto a hacer trial, a navegar, a pescar, de compras, a la peluquería o a la playa. Por un lado, se trata de crear momentos íntimos en los que se puedan dar las confidencias y, por otro, tener compromisos con ellos. El mensaje subliminal que queremos transmitir con este tipo de acciones es: «Eres importante para mí y dedico mi tiempo libre a compartir mis aficiones contigo.» Cuanto antes empecemos mejor. Luego, cuando son mayores, a lo peor no se lo creen y hay que hacer que lo sientan de corazón. La actitud sincera es nuestra mejor colaboradora.
- **Hacedles sentirse útiles y responsables.** Dadles responsabilidades tanto en el entorno escolar como en el familiar. El sentirse importantes, saber que se confía en ellos les hace aumentar el nivel positivo de autoestima y hace que valoren la gratificación que supone el esfuerzo realizado. No buscarán fuera lo que tienen en casa.
- **Dad ejemplo.** No podemos pedirles que no fumen, beban, que no sean despistados o desordenados si tanto nosotros, los padres, como los profesores lo hacemos o nos comportamos así. La excusa hasta ahora válida de que eran todavía pequeños ya no sirve. Si queremos que lleven una vida ordenada, lo han de vivir en casa. La escuela también ha de ser un reflejo de dichas normas de conducta.

Los fines de semana, batalla campal

Muchos adolescentes no tienen hora para llegar y encima lo hacen no demasiado sobrios, envueltos en una nube de humo. Por otra parte, la mayoría de chicos y chicas que salen los fines de semana a emborracharse lo hacen para integrarse mejor en el grupo. Los padres, con razón, se quejan de los problemas del fin de semana, cuando se acaba la tranquilidad: hay que discutir por la hora de llegada, ir a buscarlos a horas intempestivas, llegan más tarde de la hora prevista...

Un reciente estudio del Ministerio de Sanidad revela que uno de cada cuatro jóvenes menores de edad se emborracha tres veces al mes. Lo peor es que cada vez se empieza a edades más tempranas. El acceso que tienen los niño al alcohol en España es alarmante. Socialmente, no asusta tanto una borrachera como una droga de diseño, pero no hay que minimizar el peligro.

Objetivo

Nuestra tarea principal es simple: ¡No meter la pata! El efecto boomerang a esta edad es muy peligroso. Si prohíbes, generas lo contrario de lo que pretendías. Lo prohibido suele ser muy atractivo en la adolescencia, les provoca llevar la contaria... la descarga de adrenalina que conlleva les entusiasma. El riesgo los estimula y parecen no tener ninguna conciencia de los peligros a los que se arriesgan.

Signos de alerta

Aparecen los problemas, está más desafiante, a la que salta, más desobediente, se salta clases, empieza a sacar malas notas. Y a la primera pregunta averiguas que sus primeras salidas incorporan la bebida como aliciente. Sale todos los fines de semana y se emborracha con sus amigos. O empieza a fumar para no quedarse excluidos del grupo... hace lo que sea para ser uno más; lo más importante es no quedarse fuera, que los demás no le consideren un «pringao».

Las motos, las discos... son una vorágine de sensaciones nuevas para ellos. Creen que sobrios o sin la «china» o las pastillas no se divertirán. Necesitan llevar la contraria, y llegar tarde por norma. Las continuas negociaciones son agotadoras para ambas partes y destruyen cualquier vínculo afectivo existente.

Soluciones prácticas

La información es imprescindible, hemos de saber el terreno que pisamos. Es necesario conocer a sus amigos y saber qué tipo de aficiones tienen, ya que se las contagian unos a otros. Ofrécele, por otra parte, soluciones y alternativas. Vosotros sabéis lo que se va a encontrar, así que dadle recursos para que no le coja desprevenido.

El ejemplo que damos es básico. No puedes decirle a tu hijo que no beba y luego anunciarle que te vas de copas con tus amigos. No entenderá la diferencia de criterio, por qué tú sí y él no.

Desconfía del móvil. Los padres que hace un par de años se pelearon para que el niño/a no tuviera móvil, ahora están encantados de que disponga de uno. El móvil da mucha seguridad a los padres, pero es un aliado perfecto de los hijos para engañarnos. Lo llamas, oyes su voz y te quedas tan tranquilo, pero en realidad no sabes dónde está. Acostúmbrate pues a llamar a tu hijo/a a teléfonos fijos; es más difícil que te cuele una mentira.

Explícale de antemano que en las discotecas le pueden ofrecer pastillas y que si no se atreve a rechazarlas delante de sus amigos, que disimule, haga ver que se la traga y se la meta en el bolsillo. No te preocupes, sabrá hacerlo. Aunque haga ver que no te escucha o te replique, le ha quedado registrado y en un momento de apuro actuará con el patrón que le has explicado.

Como tantas otras, una de las claves para solucionar con éxito estas situaciones es que los padres formen un equipo compacto y dejen de lado los desacuerdos o contradicciones para seguir una línea común educativa entre ellos, estén separados o divorciados.

Por otra parte, en caso de conflictos reiterados o problemas serios, no hay que vacilar en acudir cuanto antes a un especialista, psicólogo o equipo interdisciplinar. No se debe minimizar los riesgos de este tipo de conductas.

Hay que enseñarles también que los conflictos no se resuelven escondiendo la cabeza debajo del ala, huyendo de ellos, sino haciéndoles frente con la ayuda de las personas que tienen a su alrededor y le quieren, padres, abuelos, tíos y profesores.

Situaciones cotidianas

Aunque un adolescente, en cierta manera, ya puede ser considerado mayor, ya que con un poco de suerte nos dobla incluso la altura, no te olvides de la edad que tiene. Puede ser muy responsables, muy bueno, pero sigue teniendo 15 años.

A esa edad les falta experiencia, les falta capacidad de reacción, les falta conciencia... Casi todos creen que sus padres están desfasados y que no saben de lo que hablan porque ellos vivieron en otra época. Y ahí está el fallo y el peligro, en la prepotencia. «¡Mamá, no te preocupes, no me va a pasar nada!» Tiembla cuando oigas esta frase.

La madre de Álex todavía recuerda el miedo que sentía cada vez que su hijo salía por la noche. Y es que las madres suelen tener un sexto sentido que las pone en alerta. Álex ya había cumplido los 17 años, pero tenía muy poca libertad. Estaba repitiendo curso y no le dejaban salir por la noche, salvo excepciones. Todos sus amigos salían los viernes y los sábados de forma habitual. Él se sentía desplazado y ya no sabía qué excusa dar. «Mis padres no me dejan» se le había quedado pequeña.

Los otros chicos se reían de él. Así que empezó a mentir a sus padres y les decía que se quedaba a dormir en casa de un amigo, para estudiar. Pero ese amigo estaba solo; sus padres estaban fuera. Así que se pasaban el fin de semana de juerga. Para integrarse más también empezó a tomar más de cuatro cervezas seguidas y a fumar marihuana.

Se hacía el chulo delante de sus amigos, pero su rendimiento escolar se vino abajo, y en casa sonaron las alarmas. Empezaron a «investigarlo» constantemente; su madre le olía cuando entraba por la puerta y le regañaba constantemente, por todo. La situación se fue deteriorando, de manera que Álex estaba incómodo en casa. Y cada vez salía más, sin permiso o con él.

Convertirse en una especie de Sherlock Holmes casero no ayudó a resolver la situación, sino que contribuyó a construir una barrera entre ellos. Cuanto más incomprendido se sentía el hijo, más se dejaba llevar por los amigos.

Para evitar esta situación, hay que establecer el diálogo, la comunicación y la confianza. Álex tenía problemas consigo mismo y nadie le estaba ayudando a entenderlos. La inseguridad personal, el sentirse rechazado por los amigos y la presión controladora en casa le estaban abocando a un camino sin retorno.

Llegados a este punto, la madre se desmoronó y acudió a pedir ayuda a una psicóloga. Una vez reestablecida la comunicación y la confianza, todo volvió a ser como antes. Escuchar sin juzgar y comprender son las claves de la solución a esta situación.

Violencia y videojuegos

Últimamente estamos siendo invadidos por una serie de juegos de videoconsola extremadamente violentos y que son superventas en todo el mundo. El curso pasado fue el «San Andreas» y este año «Bully». Un marcado contenido violento caracteriza a ambos.

El último está ambientado en un colegio, en el que para destacar has de ser el más violento. Está lleno de peleas, enfrentamientos y ritos de autoafirmación. Se trata del acoso escolar en forma de juego. Aunque estén catalogados para mayores de 18 años, los compran menores y ellos, en realidad, son los destinatarios.

Psicológicamente no es lo mismo jugar a carreras de coches o a fútbol, que con un juego en el que cada vez que aprietas el mando estás matando a alguien o golpeándolo violentamente. El aprendizaje que se realiza de forma inconsciente facilita que el niño, cuando se encuentre en la vida real en una situación parecida, actúe como el protagonista del juego y lleve a cabo actos violentos que sin esta previa sesión de entrenamiento virtual serían impensables.

Objetivo

Evitar que caigan en esta moda.

Soluciones prácticas

Mens sana in corpore sano, como decían los antiguos. Así que:

— Contribuye a que esté entretenido, que ocupe su tiempo con aficiones, deportes, dibujando, leyendo... El objetivo es alejarles de la vida sedentaria y aburrida.
— Ofrécele alternativas, organízale la tarde con una lista de tareas,

por ejemplo. Cuando esté en casa dedícate a él, propicia meriendas atractivas en la cocina y habla, escucha, conversa con él.

— Fomenta las amistades. Apúntalo a deportes de equipo en los que conozca a otros chicos de su edad. A ellos les suele dar pereza, y si se lo preguntas, seguro que te dirá que no, pero tú haz caso omiso: llévalo, verás como luego se lo pasa bien. El aire libre y los deportes van muy bien para ordenar las ideas.

Internet y las relaciones virtuales

Ashiya ha crecido en una de las sociedades más ricas del mundo. Desde la más tierna infancia, sus padres le han proporcionado todo lo que ha querido y más. Pero... no tiene amigos de verdad y es hijo único. No habla con nadie, ni siquiera con sus padres. No se interesa por nada. El mundo exterior no cuenta para él, está encerrado en su cuarto. Como si fuera un caracol dentro de su cáscara.

Éste es un ejemplo más de todo un fenómeno que afecta a un creciente número de jóvenes japoneses y americanos a partir de los 14 años. En Japón ha alcanzado la escalofriante cifra de más de un millón de adolescentes que viven en esta especia de encierro cibernético. Se les conoce con el apelativo de *hikikomori,* porque es un fenómeno originado en Japón. La palabra significa en japonés «reclusión», «aislamiento».

La mayoría de hikikomori han sido o son estudiantes brillantes que no han podido sobrellevar el estrés de las exigencias y requerimientos de unas sociedades muy competitivas. Su habitación está inundada de nuevas tecnologías —televisión, PlayStation, PSP, Game Cube, MP3, DVD, Internet, Messenger para chatear, móvil, etcétera— lo que les permite estar conectados con un mundo virtual, comprar y relacionarse sin salir de su enclaustramiento cibernético.

Cada vez que suspenden un examen o sufren un desengaño amoroso les da una especie de fiebre melodramática y se encierran. Pero no se trata de una semana sin salir, pueden estar varios años sin tener contacto con el exterior. Si los padres intentan ayudarlos, reaccionan rebelándose de forma violenta o amenazando con suicidarse.

Así las cosas, las familias de los hikikomori se resignan, como sólo saben hacerlo los japoneses, y se dedican a asegurarse de que todo vaya bien tras la puerta. Les proporcionan alimentos, corriente eléctrica para que todo funcione y un número de tarjeta de crédito para mantener sin problemas todo lo necesario para la vida moderna de los jóvenes ermitaños. Algunos acaban sufriendo algún trastorno psicológico: depresión, agorafobia, etc. Sin embargo, es una situación que no se debate abiertamente.

Aunque las causas de esta moda tienen mucho que ver con la cultura japonesa, el resto de sociedades no están tan lejos de estas reacciones extremas. Los chavales de hoy en día no están acostumbrados a que algo no salga como ellos quieren, y muchas veces un acontecimiento negativo se toma como una catástrofe.

Desde muy pequeños controlan con el mando a distancia cualquier aparato tecnológico de los que habitan los hogares y se relacionan más con ellos que con las personas. Los padres trabajan todo el día, no tienen hermanos y los amigos suelen ser virtuales, se conocen por Internet. Viven una vida fuera de la realidad y cuando chocan con ella no están preparados.

Esta falta de tolerancia a la frustración puede llevar a muchas personas a buscar soluciones fáciles y adentrarse en conductas extrañas o huir de la realidad. Como los caracoles, se encierran en su cáscara protegidos de los peligros exteriores.

Las excesivas expectativas que los padres ponen sobre ellos y las dificultades para llevarlas a cabo por parte de los hijos también puede ser una de las causas de que estos chicos tiren la toalla.

Las nuevas tecnologías fomentan el aislamiento, incluso dentro del seno familiar, e Internet, los chats, messengers e incluso algunos videojuegos son los responsables de que nuestros jóvenes se encierren en sus habitaciones. ¿Qué pasaría si el ordenador estuviera en el salón?

Signos de alerta

Nos hemos de preocupar cuando:

- Deja de relacionarse con sus amigos por conectarse en un chat.
- Prefiere quedarse en casa en lugar de salir de excursión con la excusa de que tiene que hacer un trabajo en el ordenador.

— Empieza a irse a dormir muy tarde. Cuando está frente a la pantalla no tiene hora.

Ante un asunto tan serio, pero afortunadamente todavía raro en España, la solución pasaría por fomentar el diálogo y los lazos afectivos, consultando a la vez con un especialista o psicólogo.

La cleptomanía juvenil

Ésta es una de las mayores preocupaciones de los padres y educadores. Vivimos, tristemente, inmersos en una sociedad en la que la delincuencia se diversifica y aumenta de manera alarmante. Hay muchos tipos de delitos, pero normalmente se empieza por cosas sin importancia: pequeños hurtos, irse sin pagar, saltarse los semáforos... Poco a poco se va perdiendo el respeto por lo establecido y el saltarse las normas se convierte en un desafío atrayente para los jóvenes.

La delincuencia juvenil en España ha crecido más de un 100 % desde principios de los años noventa. Según datos de la Unidad Central del Equipo de Mujer y Menores (Emume,) del instituto armado de la Guardia Civil, el año pasado fueron detenidas en España 32.272 personas menores de edad como presuntos autores de delitos. Hace sólo doce años, en 1992, la cifra era de 15.152.

Los números aumentan de forma alarmante. El paulatino ascenso de la delincuencia juvenil también tiene su efecto sobre la criminalidad, pues los menores son cada año una parte más importante en este mundo. Si hace cinco años los menores de 18 años representaban el 12,9 % del total de detenidos, el año pasado eran ya el 15,7 %. Los datos oficiales muestran también un mayor índice de delincuencia juvenil en las zonas urbanas que en las rurales, donde las detenciones de menores sólo han alcanzado un máximo del 8,5 %.

Un estudio de la Universidad Complutense de Madrid solicitado por la fiscalía de menores pone de relieve que algunos juegos de ordenador especialmente agresivos son perjudiciales para los niños y acrecientan en ellos la violencia.

La entrada en vigor de la nueva ley de responsabilidad penal del menor ha supuesto importantes modificaciones a la hora de abordar la delincuencia juvenil. Los menores de 14 años han quedado exentos de responsabilidad penal, por lo que no podrán ser castigados por los delitos que cometan. En el año 1999 fueron detenidos en España 3.885 niños menores de 14 años como presuntos delincuentes. Tres de ellos por homicidio, 764 por robo con fuerza, 574 por robo con violencia y 503 por robar vehículos. Un total de 107 fueron detenidos por delitos contra la libertad sexual y casi 400 de los menores detenidos ese año eran niñas. Ésta es una de las novedades más inquietantes del mundo de la criminalidad infantil y juvenil.

El de la delincuencia parecía un mundo reservado a los chicos, pero últimamente también afecta a las chicas. Grupos de chicas adolescentes llevan a cabo numerosos robos de pequeña importancia en grandes almacenes, impulsadas por el afán consumista. Hay que pensar que cuesta transgredir una norma la primera vez, pero, una vez llevado a cabo con éxito, produce una especie de adicción enfermiza. Son casos complicados que precisan ayuda especializada.

Todos estos datos son importantes para hacerse cargo del alcance del problema que nos planteamos. Parece algo lejano, propio de grupos marginales, sin embargo cada vez aumenta más el número de casos en adolescentes pertenecientes a familias con un nivel sociocultural y económico medio-alto, que incurren en este tipo de delitos de hurto o robo con premeditación.

¿Qué está pasando? ¿Por qué jóvenes sin problemas económicos roban? ¿Qué motivos les empujan a ello? Es lógico que un adolescente que vive un estado de constante privación robe por necesidad, para revender y conseguir algo de dinero. Pero ¿qué razones impulsan a un chico o chica a apropiarse indebidamente de la tarjeta de crédito de una compañera?

Situaciones cotidianas

Éste es el caso real de una chica con un grave problema de distorsión de la realidad. Valeria estuvo observando durante un tiempo a qué compañera podía parecerse más físicamente para sustraerle la visa y el DNI del bolso en un descuido. Acto seguido se fue a unos grandes almacenes a comprar todo lo que creía que sus padres le negaban y ella pensaba que se merecía. Imitó la firma; luego pensaba deshacerse del material, pero la pescaron. Su reacción fue fría y calculadora, como si no fuera con ella. Se sentía víctima de la dureza de sus padres, lo que la hacía sentirse desgraciada y diferente de las otras chicas de su entorno, quizás demasiado consentidas.

Para llegar a este grado de refinamiento se ha de pasar primero por pequeños hurtos o sustracciones, normalmente en grandes almacenes, que se llevan a cabo impunemente. Ello proporciona la base de prepotencia necesaria para pensar que se va a poder engañar a todo el mundo. El problema principal de esta chica, Valeria, es que no se daba cuenta de que a la única persona que engañaba era a sí misma. Ella quería dar una imagen y hacía lo que fuese para mantenerla.

Tras esta huida de la realidad se esconde un profundo sentimiento de inseguridad y de falta de autoestima. Está segura de que si alguien la llega a conocer realmente la rechazará y por eso actúa conforme al papel que ella se ha inventado para sí misma. Otra de las pistas que tenemos, es que cambia constantemente de amigos, y de novios... cuando la empiezan a conocer demasiado los deja y se busca otro círculo de amistades.

Objetivo

Nuestro objetivo en esta situación sería transmitir a nuestro hijo o hija la idea de que la satisfacción personal no se ha de buscar en la aprobación de los demás, sino en el propio interior.

Soluciones prácticas

La observación y la comunicación son básicos, primordiales para prevenir estos comportamientos. Éstos se han de cortar de raíz, tanto en casa como en la escuela, porque crecen desmesuradamente si no se toman medidas. Todas estas situaciones se van generando a lo largo de la pubertad y la adolescencia y hay que poner límites a tiempo si no queremos llegar tarde. Lo podemos conseguir haciéndoles experimentar las consecuencias de sus acciones.

El sexo en la adolescencia

A partir del despertar adolescente, chicos y chicas empiezan a ser receptivos a toda una serie de estímulos, hasta ahora inexistentes, que les causan desconcierto e inseguridad a la vez que deseo, y sienten una fuerte atracción y curiosidad por el sexo contrario. Empiezan a coquetear entre sí y a mensajearse, les fascina la ropa, los peinados y las modas, y necesitan ocupar el lavabo un montón de horas antes de una cita o para su propia intimidad.

Al llegar a la pubertad se producen unos cambios físicos importantes, que, en la adolescencia, ya son más que evidentes. Si los padres, con la ayuda de los profesores, han establecido un plan para ir informando de forma paulatina sobre los cambios fisiológicos, los chavales habrán pasado por este proceso de una manera sana y sin traumas.

Por otra parte, según las investigaciones de la sexóloga estadounidense Shere Hite, la imagen actual que tenemos del desarrollo psicosexual exige revisar por completo nuestra forma de concebir las identidades psicosexuales, tanto de las chicas como de los chicos.

La primera experiencia del orgasmo ejerce una enorme influencia sobre la idea que tiene una niña de su cuerpo, de cuál es su identidad sexual; en definitiva, de quién es ella. La menstruación y las transformaciones que observa en su cuerpo también influyen en la perspectiva que tiene de sí, en combinación, claro está, con la disposición de quienes la rodean, la actitud de la familia ante estos hechos.

Shere Hite afirma que muchas niñas desarrollan a medida que crecen una doble identidad psíquica, porque la sociedad no reconoce ni aprueba sus sentimientos sexuales. La mayoría de las niñas asimilan mensajes negativos cuando empiezan a menstruar: hay que ocultarlo, no hay que hablar de ello, etcétera.

Objetivo

Se trata de ayudarlas/os a alcanzar la madurez emocional suficiente para contextualizar el sexo dentro de la relación afectiva en una pareja estable.

Signos de alerta

Cuando la sexualidad se descubre de forma indebida surgen una serie de alteraciones como la masturbación compulsiva, objeto sexual desviado, homosexualidad no natural, pornografía...

Es normal que se autoexploren, que se masturben, que investiguen, que descubran placer en sus cuerpos y que este nuevo descubrimiento les acapare bastante... pero con cierto límite. Nos hemos de preocupar cuando este interés anula todo lo demás y centra toda la energía y atención del adolescente, o lo realiza de manera ritual, a la misma hora, en el mismo lugar...

Por otra parte, el interés y la identificación con los modelos del propio sexo o del contrario surgen a esta edad y pueden dar lugar a equívocos o a falsas idealizaciones. Las manifestaciones muy tempranas de interés sexual por personas del mismo sexo pueden ser sintomáticas de alteraciones afectivas en el seno familiar.

Soluciones prácticas

Debemos afrontar y hablar de este tema con naturalidad y sinceridad, en casa y en la escuela. Hemos de intentar responder a las dudas que puedan tener, antes, además, de que saquen sus propias «conclusiones» por lo que cuentan los amigos.

Tampoco hay que ser excesivamente represivos ni juzgarlos. Explicar nuestras propias experiencias puede ayudar a compartir confidencias y a crear un clima de confianza. Es mejor abrir un canal de comunicación que cerrarlo por juzgar demasiado.

Sin embargo, encontrar el equilibrio entre la represión o el exceso de libertad sexual a esta edad no resulta fácil. Es sano que no sólo vean expresiones de contacto físico en el cine o en las revistas. Ver que sus padres u otros adultos se besan, van cogidos de la mano o se abrazan es importante, ya que les ayuda a comprender la sexualidad como expresión de afectividad.

Conviene hablar con nuestros hijos sobre las precauciones que deben tomar para evitar un embarazo no deseado o una enfermedad de transmisión sexual. Hay que charlar con ellos y ellas sobre preservativos, pastillas, etc., y decirles que siempre que exista una posibilidad de encuentro sexual, hay que ir prevenido/a, ¡sin cortarse!

Hemos de charlas con ellos y ellas para explicarles las diferentes maneras de entender el sexo con las que se pueden encontrar y las diferencias entre las necesidades sexuales femeninas y masculinas. Es importante que conozcan igual de bien las necesidades sexuales de su propio sexo y las del contrario.

En todas estas conversaciones no tenemos que juzgarlos, ni tener miedo a su precocidad. Ellos están descubriendo un mundo nuevo de sensaciones que les excita, desconcierta y atrae. Buscan respuestas que los padres podemos transmitirles con mucho tacto, naturalidad y sinceridad.

Ayúdale a volar con sus propias alas

Al llegar este edad, los hijos reclaman su independencia, confianza, que se tengan en cuenta sus opiniones... sin darse cuenta de que, aunque su cuerpo ha crecido mucho, todavía no están maduros para enfrentarse a la cruda realidad. Para los padres tampoco es tarea fácil darse cuenta de que ya no puedes tratar a tu hijo como antes. Se entra entonces en un período en el que la jerarquía familiar se tambalea.

Éste suele ser un momento conflictivo, en el que no debemos perder de vista las distancias. Un padre no puede, bajo ningún concepto, ponerse al nivel de su hijo, a discutir y discutir entrando en una encarnizada lucha de poder, con expresiones del tipo: «En mi casa mando yo», «Qué se ha creído este mocoso/a».

El ejercicio más reconfortante cuando se llega a este punto consiste en saber salir de la situación y verla desde fuera como si fuéramos meros espectadores. De esta manera seremos capaces de ser objetivos, podremos intuir cómo se siente nuestro hijo y seremos más capaces de adoptar una actitud más conciliadora.

Este esfuerzo, obviamente, lo han de hacer los padres, puesto que tienen una mayor experiencia, más años y más perspectiva. Debemos desterrar la hipótesis de que para crecer hay que renegar de los padres. Sí, es cierto que suelen atravesar una etapa crítica en la que se sienten avergonzados por ir con sus padres y no quieren que nadie los vea en el cine juntos o cualquier otra ridícula situación.

Sin embargo, la verdadera independencia del hijo no pasa por rechazar a sus padres, opiniones, criterios... para liberarse, sino todo lo contrario. Precisa tolerancia, comprensión, valorar las opiniones de los otros —incluidos sus padres—, los distintos gustos, a la vez que se le exigen unas nuevas responsabilidades.

Cada nuevo paso hacia la libertad se gana con esfuerzo y responsabilidad demostrada. Una lista de prioridades consensuadas entre los padres es imprescindible para construir este camino hacia la autonomía. Si el adolescente nunca hace nada bien y es constantemente rechazado, difícilmente va a conseguir ser autónomo.

Objetivo

En este período ya no hemos de estar pendientes de educarlo y regañarle cuando comete errores, sino de algo mucho más constructivo: ayudarle a convertirse en una persona capaz de cuidar de sí misma, autónoma, merecedora de confianza y con un sólido criterio propio.

Se trata de contribuir a que saque todo lo bueno que lleva dentro, para lo cual no es necesario estar constantemente recalcando sus defectos, sino convertirnos en su aliado, que le ayuda y le apoya de forma incondicional para aprender a tomar buenas decisiones.

Soluciones prácticas

La educación es un largo camino en el que cada paso da lugar al siguiente. No es de extrañar pues que un niño al que de pequeño no se le ha podido controlar sea después un adolescente conflictivo. Por eso esta etapa, que es resultado de las anteriores, no es tan difícil.

Tenemos muchas pistas, llevamos 14 o 15 años conviviendo con nuestro hijo y lo conocemos como si... fuera nuestro hijo. Eso nos da una gran ventaja que hay que saber aprovechar. El conocimiento que tenemos de él o ella y de sus necesidades, tanto físicas como afectivas, es la clave.

- Ya que lo/a conoces tan bien ocupa su tiempo libre con actividades que le agraden o vayan con su carácter. Apúntale a algún deporte al aire libre. Evita los ratos muertos en casa sin nada que hacer.
- Fomenta sus amistades. Invita a sus amigos a casa, organízales sesiones de cine caseras y déjalos a sus anchas. Alquila un DVD y haz palomitas en el microondas.
- Motívalos hacia un objetivo profesional. Desde que empiezan la ESO hemos de ayudarles a decantarse hacia un camino que los lleve a una profesión. Marcarles una meta, fomentarles una ilusión

es muy positivo para su desarrollo. La incertidumbre, el futuro incierto genera insatisfacción y vivir al día. Acostumbrarse desde joven a tener objetivos ayuda a no dormirse en los laureles y fomenta la satisfacción personal de ir cumpliendo metas.

- No descuides la inteligencia emocional. Ayúdales a distinguir sus propias emociones y las de los demás, y a reconocer y valorar los sentimientos más importantes: amistad, cariño, lealtad, honradez, etcétera.

  A través de la técnica del autorretrato escrito se les puede hacer conscientes tanto de sus virtudes como de sus defectos, ayudarles a ser objetivos en su definición. Las preguntas a responder serían: «¿Cómo soy?», «¿Cómo me gustaría ser?», «¿Qué cosas cambiaría de mí o de mi vida?». Luego podéis cotejarlo en familia.
- Crea vínculos afectivos. Éste es un punto fundamental, el motor de todo el desarrollo del adolescente. Si no hay cariño, toda su evolución se paralizará. Hemos de tener en cuenta que el sentimiento tiene siempre una valoración muy subjetiva. Puede ser muy apreciado y querido por toda la familia pero el no saber identificarlo, no sentirse querido, es un problema de percepción del adolescente, que se vuelve muy trágico y absorbente a la vez que susceptible.
- Aumenta su autoestima. En este momento de grandes cambios, es importante que no pierdan su identidad, que se sigan gustando a sí mismos. Para que ellos se quieran, es decir que tengan amor propio, es necesario que los adultos que los rodean les valoren. El incentivo positivo siempre produce buena sintonía.
- Favorece el esfuerzo. No se lo des todo a cambio de nada, haz que se lo trabaje. Colaboración y responsabilidad a cambio de más libertad.
- Enséñale a ser solidario/a. Amplía sus fronteras, ofrécele una visión general del mundo y ayúdale a poner las cosas en su sitio. Comprométele en alguna labor voluntaria y solidaria.
- Confía en él/ella. Hay que empezar a delegar, darle responsabilidades a su medida. La sobreprotección genera desconfianza: «Me lo hacen todo porque piensan que soy tonto.» Los padres están ahí para ayudar en caso de dudas, no para sacarle las castañas del fuego. Se aprende de los errores, hay que dejar que se equivoque.

- Déjalo volar, apoya sus iniciativas. Respeta sus opiniones, gustos y maneras. No hay que intentar imponerle los de una generación pasada. Si los padres están a su lado y les apoyan, los chicos y las chicas se convierten en un valioso aliado con el que siempre se podrá contar.

  Las posiciones encontradas son fuente de conflictos. En un momento difícil para todos como es la adolescencia, poco se podrá ayudar desde una situación de choque generacional. Es mucho más práctico acercar posiciones e incluso ayudarlos, haciéndoles saber cuál es vuestra opinión, pero respetando su decisión.

Situaciones cotidianas

En este período se suelen establecer unos roles triangulares en la familia. La identificación de roles hace que las relaciones más difíciles sean entre padres e hijos del mismo sexo, aunque también se dan las situaciones contrarias: la madre en contra del hijo y el padre de espectador pasivo o la hija en contra del padre y la madre en actitud indiferente. A continuación vamos a describir ambos pasos.

Madre e hija, tan unidas como enfrentadas, se necesitan, pero se agobian hasta el punto de complicar la convivencia familiar. La madre aporta seguridad, protección y cariño. Pero a menudo su falta de confianza lo estropea todo. La madre no cree que su hija sea capaz de funcionar sin su ayuda y la hija, traicionándola, le confía todos sus secretos a su mejor amiga.

Las chicas entran antes en la etapa adolescente y empiezan a imponer su propia voluntad y a despegarse de los modelos establecidos, pero, como su personalidad no está madura, en la mayoría de los casos entienden la libertad en función de sus libertades y no de sus deberes.

Conclusión

Sí, mamá resume las preocupaciones básicas de los padres de hoy en día, ofreciendo soluciones eficaces para intentar que las pequeñas alteraciones de nuestra vida cotidiana sean sólo eso, pequeñas alteraciones.

Los hijos son una carrera de fondo, pero con obstáculos que hay que aprender a saltar convenientemente. Cada etapa exige un cambio de caballo, para adecuarse a las nuevas dificultades del terreno. Una cosa está clara, sin embargo: la improvisación juega en nuestra contra. Hay que tener las ideas claras y rapidez de reflejos para evitar cometer errores.

Educar quizá sea uno de los entrenamientos más valiosos de la vida, nada te enseña tanto como los hijos.

La clave está en no intentar ser unos padres perfectos; ellos tampoco serán nunca unos hijos perfectos, pero son nuestros hijos. Estamos inmersos en la cultura de la perfección, hay que ser un superpadre, superejecutivo, superpareja, supercuerpo... y olvidamos que precisamente la gracia está en ser diferente, especial, único.

Nuestro único objetivo ha de ser implicarnos, con amor incondicional, en la tarea de ser padres. Con nuestra dedicación y cargados de buenas intenciones, emprendemos juntos esta aventura, este reto que seguro que no nos dejará indiferentes. No se trata de hacerlo bien o mal, sino de volcarse, con toneladas de cariño, sin horarios, con dedicación plena y dispuestos a aprender cada día.

El crecimiento de un hijo, su desarrollo, proporciona muchas preocupaciones, pero a la vez infinitas satisfacciones. El futuro es de ellos, de los niños, y con nuestra ayuda y dedicación, seguro que serán capaces de cambiar el mundo.

Los niños no nacen con un libro de instrucciones bajo el brazo, y a menudo los padres se encuentran con un sinfín de situaciones cotidianas de las que es difícil salir airoso. Sólo conocen el no como respuesta, no sueltan el chupete ni a tiros, se pelean constantemente entre los hermanos, los horarios son caóticos, no hay manera de que hagan los deberes, y los atribulados padres se preguntan cuestiones como: ¿Por qué no obedecen a la primera?, ¿por qué no hay manera de que se vayan a la cama?, ¿por qué se oponen por norma a cualquier cosa que les proponemos?, ¿por qué sólo se portan bien cuando están fuera de casa?, ¿por qué se enfadan con tanta facilidad?, ¿por qué parece que quien manda en la familia sean los niños y no los padres?

Ser padres no es tan difícil si se tiene el manual adecuado. En este libro ofrecemos soluciones prácticas a estos conflictos diarios, unas respuestas con las que se obtienen unos resultados sorprendentes, con un porcentaje de éxito de un 90 por ciento en los casos en los que se han aplicado.

El método educativo que aquí se describe revela la forma definitiva de solucionar los conflictos cotidianos del día a día, aumentando la seguridad, empatía, autoestima de los hijos y que se sientan felices. Además, tiene efectos beneficiosos para toda la familia y, lo más importante, se trata de un método personalizado que se adapta a las circunstancias de cada niño. Su lectura es amena, entendedora y, sobre todo, es muy sencillo de llevar a la práctica.

Enséñale a aprender es un libro sobre niños, sobre cómo son, cómo aprenden, cómo piensan, y para ayudarnos a ponernos en su piel. ¿Por qué nos cuesta tanto entender sus reacciones? Simplemente porque los niños no piensan como nosotros.

Los tres primeros años de vida son determinantes para su futuro intelectual: hay que enseñarles a aprender. Dependiendo de *cómo* les enseñes, los niños tendrán más o menos facilidad para desarrollar todo su potencial. Enseñarles jugando, divirtiéndose, divirtiéndote, y disfrutando con vuestro hijo. No se trata de crear niños superdotados, genios o empollones, sino niños flexibles, ágiles y rápidos que se puedan adaptar sin problemas a todas las situaciones de la vida.

El objetivo es que a través de las series de estimulación y de juegos que se proponen en el libro, organizados y definidos según cada edad, impulséis el desarrollo mental de los niños. Es un método práctico que os permitirá ir estimulando a vuestro hijo y desarrollar su inteligencia desde el primer día, para que aprenda a aprender.

A menudo nos quejamos de cuánto ven la tele nuestros hijos y despotricamos contra ella. Pero ¿qué hacer? No podemos prescindir de uno de los mayores inventos de la humanidad. Vivimos en la era de las telecomunicaciones y nuestros hijos han de aprender a convivir con ello. Puede, incluso, que lleguen a dominar ese ámbito mejor que nosotros. Como padres y adultos, es tarea nuestra enseñarles a manejar la televisión; de eso trata este libro.

La «caja tonta», en contra de lo que pueda parecer, puede ser una eficaz herramienta educativa. No se trata tanto de evitarla o criticarla como de aprender a mirarla. Podemos conseguir que nuestros hijos sepan filtrar la información, que construyan un sólido criterio para tener opinión sobre lo que ven. Y, sobre todo, para ejercer su derecho a la libertad, libertad para apagar la tele o elegir el programa que quieren ver.

Este libro propone pautas prácticas y eficaces para educar a los niños mediante la televisión. Ofrece las mejores estrategias educativas a través de la pequeña pantalla, tablas con las películas adecuadas para cada edad, verdades y mentiras sobre la «telebasura» y los recursos educativos más eficaces para compensar la influencia y magnetismo de los anuncios de manera fácil y práctica.

No hace falta deshacerse de la televisión, reñir o proteger excesivamente a nuestros hijos, sino enseñarles a ver la tele de otra manera.

La solución está en nuestras manos.

Planeta

España
Av. Diagonal, 662-664
08034 Barcelona (España)
Tel. (34) 93 492 80 36
Fax (34) 93 496 70 58
Mail: info@planetaint.com
www.planeta.es

P.° Recoletos, 4, 3.ª planta
28001 Madrid (España)
Tel. (34) 91 423 03 00
Fax (34) 91 423 03 25
Mail: info@planetaint.com
www.planeta.es

Argentina
Av. Independencia, 1668
C1100 ABQ Buenos Aires
(Argentina)
Tel. (5411) 4382 40 43/45
Fax (5411) 4383 37 93
Mail: info@eplaneta.com.ar
www.editorialplaneta.com.ar

Brasil
Rua Ministro Rocha Azevedo, 346 - 8.° andar
Bairro Cerqueira César
01410-000 São Paulo (Brasil)
Tel. (5511) 3087 88 88
Fax (5511) 3898 20 39

Chile
Av. 11 de Septiembre, 2353, piso 16
Torre San Ramón, Providencia
Santiago (Chile)
Tel. Gerencia (562) 431 05 20
Fax (562) 431 05 14
Mail: info@planeta.cl
www.editorialplaneta.cl

Colombia
Calle 73, 7-60, pisos 7 al 11
Bogotá, D.C. (Colombia)
Tel. (571) 607 99 97
Fax (571) 607 99 76
Mail: info@planeta.com.co
www.editorialplaneta.com.co

Ecuador
Whymper, N27-166, y A. Orellana,
Quito (Ecuador)
Tel. (5932) 290 89 99
Fax (5932) 250 72 34
Mail: planeta@access.net.ec
www.editorialplaneta.com.ec

Estados Unidos y Centroamérica
2057 NW 87th Avenue
33172 Miami, Florida (USA)
Tel. (1305) 470 0016
Fax (1305) 470 62 67
Mail: infosales@planetapublishing.com
www.planeta.es

México
Av. Insurgentes Sur, 1898, piso 11
Torre Siglum, Colonia Florida, CP-01030
Delegación Álvaro Obregón
México, D.F. (México)
Tel. (52) 55 53 22 36 10
Fax (52) 55 53 22 36 36
Mail: info@planeta.com.mx
www.editorialplaneta.com.mx
www.planeta.com.mx

Perú
Grupo Editor
Jirón Talara, 223
Jesús María, Lima (Perú)
Tel. (511) 424 56 57
Fax (511) 424 51 49
www.editorialplaneta.com.co

Portugal
Publicações Dom Quixote
Rua Ivone Silva, 6, 2.°
1050-124 Lisboa (Portugal)
Tel. (351) 21 120 90 00
Fax (351) 21 120 90 39
Mail: editorial@dquixote.pt
www.dquixote.pt

Uruguay
Cuareim, 1647
11100 Montevideo (Uruguay)
Tel. (5982) 901 40 26
Fax (5982) 902 25 50
Mail: info@planeta.com.uy
www.editorialplaneta.com.uy

Venezuela
Calle Madrid, entre New York y Trinidad
Quinta Toscanella
Las Mercedes, Caracas (Venezuela)
Tel. (58212) 991 33 38
Fax (58212) 991 37 92
Mail: info@planeta.com.ve
www.editorialplaneta.com.ve